Découvrez l'histoire
par les archives
de presse

RETRONEWS
Le site de presse de la BnF

SE CONNECTER   S'ABONNER

Au quotidien   Par époque

RECHERCHE AVANCÉE +

Rechercher parmi 3 siècles de presse en ligne

NAPOLÉON   LAMARTINE   BASTILLE

RETRONEWS
Le site de presse de la BnF
www.retronews.fr

Deuxième Année   N° 13   Novembre 1923

La Revue du Charolais

HISTOIRE RÉGIONALE

LETTRES - SCIENCES - ARTS - ACTUALITÉS

(Charolais, Brionnais et Bourbonnais)

PARAISSANT TOUS LES MOIS

« L'histoire de la contrée, de
» la province, de la ville natale
» est la seule où notre âme
» s'attache par un intérêt
» patriotique. »

Aug. THIERRY.

ABONNEMENT : 12 fr. par an

BUREAU

Imprimerie de « l'Echo du Charollais »

Rue Gambetta, Charolles

Deuxième Année   N° 13   Novembre 1923

La Revue du Charolais

REVUE D'HISTOIRE REGIONALE

(Charolais, Brionnais et Bourbonnais)

PUBLICATION MENSUELLE

CHAPITRE III

Le Charolais et ses comtes particuliers
1272-1761

V. Le Charolais possession de la famille des Condé (1684-1761)

A l'époque où les Condé prirent possession du Charolais, la persécution sévissait contre les Protestants ; Louis XIV considérant l'unité religieuse comme la garantie nécessaire de l'unité politique du royaume s'était proposé l'extirpation de l'hérésie. La Caisse des conversions distribuait des secours aux dissidents peu fortunés qui revenaient au catholicisme, des exemptions d'impôts étaient accordées aux nouveaux convertis, mais en même temps des mesures de rigueur étaient prises contre les protestants obstinés. Exclus des fonctions publiques, des professions libérales, des corporations d'artisans, ils étaient astreints à loger les troupes et à supporter les violences des dragons, terribles « missionnaires bottés ». Les juges seigneuriaux et à leur défaut, les syndics ou marguilliers des paroisses étaient tenus de se présenter au chevet des Protestants malades et savoir s'ils entendaient mourir dans leur religion ; les enfants étaient admis à abjurer dès leur septième année ; les biens légués·

aux pauvres de la religion réformée étaient réunis aux hôpitaux. L'amende et le bannissement punissaient les ministres qui avaient fait embrasser aux catholiques la religion réformée ; défense était faite aux Protestants d'avoir à leur service des domestiques catholiques ; la peine des galères et la confiscation de leurs biens étaient prononcées contre les chefs de famille qui tentaient de s'expatrier.

Le roi put croire que l'ensemble de ces mesures avait à peu près éteint le protestantisme et qu'un dernier acte d'autorité en achèverait la ruine. Le 15 octobre 1685, il révoquait l'édit de Nantes et interdisait l'exercice public du culte protestant ; tous les temples devaient être démolis et les pasteurs avaient un délai de quinze jours pour quitter le royaume, à peine de galères.

Vauban blâma ce crime contre la conscience. « Les rois sont bien maîtres des vies et des biens de leurs sujets, écrivait-il, mais jamais de leurs opinions, parce que les sentiments intérieurs sont hors de leur puissance. » De nombreux Protestants n'avaient abjuré que pour échapper aux persécutions et avec le secret espoir de voir renaître la liberté religieuse ; quand la révocation eut ruiné cette espérance, ils renièrent leurs conversions, risquèrent la liberté et la vie pour conserver leur foi.

Dans le Charolais, le centre principal du Protestantisme était à Paray-le-Monial. « Presque tous ses habitants étaient calvinistes au début du XVIIe siècle ; le petit nombre des catholiques qui y était gémissait sur le malheur de ses concitoyens et prit dès lors le parti de les tirer de leurs égarements et de les ramener s'il était possible dans le sein de l'Eglise (1). » Les Jésuites y furent établis en 1617 pour faire des missions. Les Protestants avaient leur temple à la porte du Poirier, à l'entrée de la rue actuelle du Périer et qui fut détruit en 1686 ; un autre prêche existait au hameau du Bronchet, sur la paroisse de Saint-Léger. Ils faisaient valoir à Paray une

______

(1) Arch. Charolles GG. 11-26.

manufacture renommée d'étoffes et de toiles fines ; en 1687 300 chefs de famille et ouvriers quittèrent la ville, portant leur industrie en Suisse et en Allemagne.

Un grand nombre de nouveaux convertis avaient renié leur conversion : le procureur du roi remontrait en 1686 « que plusieurs nouveaux convertis, au mépris des déclarations du roi, s'assemblent dans des maisons particulières, hommes et femmes, et y font des exercices de la religion prétendue réformée ; lorsque les prêtres portent le saint sacrement aux malades, ceux qui sont par les rues fuient sitôt qu'ils entendent la clochette qui précède et ceux qui sont dans les boutiques entrent dans les maisons, ce qui ne peut provenir que de l'erreur opiniâtre dans laquelle ils persévèrent contre un si auguste mystère et si essentiel pour la foi d'un véritable chrétien. »

Une sentence du bailliage déclarait une femme nouvellement convertie « atteinte et convaincue d'avoir refusé les sacrements plusieurs fois pendant la maladie dont elle est décédée ; pour réparation de quoi, ordonnons que sa mémoire demeurera éteinte et supprimée à perpétuité et que son cadavre sera attaché derrière une charrette, sur une claie, la tête en bas et la face contre terre, et traîné par les rues et faubourgs de la ville de Paray par l'exécuteur de la haute justice et ensuite jeté à la voirie. » Seize familles dénoncées par le clergé de la ville, comme n'allant pas à confesse, étaient condamnées à dix livres d'amende en attendant leur abjuration (1).

En 1698, l'intendant de Bourgogne Ferrand de Villemilan écrivait qu'aucun religionnaire n'existait dans le Comté.

*
* *

A diverses reprises et pour des causes multiples, le Charolais eut à souffrir de la famine pendant le moyen-âge. Raoul Glaber, moine de Cluny, a conté dans leurs navrants détails les détresses et horreurs de la faim en l'an 1033. La

---

(1) Arch. dép. B. 623, 624, 628, 631, 640.

famine, la peste, les maladies épidémiques décimèrent la population en 1400, 1436, 1437, 1438 ; les Charolais étaient réduits en 1531 à se nourrir d'herbes et d'une pâte faite de racines et de terre arrachée aux flancs d'une montagne dont le chroniqueur ne cite pas l'emplacement. La contagion de 1636 rendit les villes désertes ; la famine désola à nouveau le pays en 1660 et 1663.

Le terrible hiver de 1709 fit souffrir la France entière, les laquais du grand Roi mendièrent aux portes de Versailles, et Madame de Maintenon mangeait du pain d'avoine..

Le Charolais fut parmi les régions les plus éprouvées ; dans un tableau présenté aux Etats généraux de Bourgogne, il est dit que les trois cinquièmes des habitants moururent de faim ; 400 métairies restèrent incultes et abandonnées, des hameaux entiers devinrent déserts ; on vécut de glands, de racines et de fougères. Les registres des sépultures permettent de mesurer l'étendue de cette famine et d'en suivre le développement.

La ville de Paray perdait 800 habitants ; à Bragny il ne resta que 19 communiants (1) sur 309. A Changy il y eut 142 morts ; à Viry 358 ; à Martigny-le-Comte 314 ; à St-Julien-de-Civry 130 sur 650 habitants ; à Vaudebarrier 54, à Marcilly 56 ; à Suin 235 personnes moururent et 138 quittèrent le pays, si bien que sur 390 communiants il n'en restait à la fin de l'année que 95. Pressy-sous-Dondin compta 110 décès ; Vauban 78 ; Châteauneuf 27. Courtépée dit qu'à Charolles il ne resta que 600 communiants sur 934 ; les registres de la ville mentionnent 238 sépultures, la moyenne pour les dix années précédentes était de 48. A la date du 12 juin, le curé-primicier mentionnait la sépulture de « six pauvres dont je ne sais pas les noms » et ajoutait : « Plusieurs ont été enterrés ci-devant dans le cimetière de l'hôpital, dont je ne sais pas les noms. » Le cimetière entourant l'église St-Nizier était devenu insuffisant et au mois de juin la ville en établissait un nouveau dans la rue de la Condemine.

____

(1) Les communiants représentaient en moyenne les trois quarts de la population.

L'abbé Gautheron, curé de Colombier-en-Brionnais, écrivait sur ses registres de catholicité : « Dans l'année 1709, le fort de l'hyver se prit la veille des Roys, 5 janvier, par une rigoureuse et épouvantable bise et par une cruelle gelée qui dura le reste du mois et davantage ; le froid fut si rude et si terrible que les noyers, les châtaigniers, les cerisiers et quantité d'autres arbres moururent ; mais le plus grand mal fut que les froments et les seigles gelèrent en terre et se perdirent entièrement, ce qui causa cette chère année et cette cherté de grains qui n'a guère eu de semblable, car la famine fut si grande que l'on fut contraint de manger pendant longtemps du pain de fougère et de gland et que la cinquième partie du peuple (et même davantage) mourut de faim, surtout les petits enfants.

« Enfin, l'on ne peut se ressouvenir d'un si triste temps que l'on ne tremble et que les cheveux n'en hérissent, surtout quand l'on se remet devant les yeux comme la faim avait défiguré les visages des pauvres et même de quantité de personnes aisées qui par malheur ne se trouvèrent point de grains ; ceux qui souffraient la faim étaient noirs, hideux et épouvantables et jetaient des cris qui faisaient compassion ; même souvent, ils tombaient morts marchant par les chemins. Le froment valut jusqu'à dix livres le boisseau, le seigle sept livres, dix sols, et le vin se trouva encore si rare que le meilleur marché était de cent livres la botte ; les meilleures maisons n'avaient que du cidre pour leur boisson et il y eut des prêtres qui furent contraints de s'abstenir de dire la messe faute de vin » Dans cette paroisse qui comptait 200 communiants, 72 personnes étaient décédées depuis Pâques jusqu'à la Saint-Martin.

A la même époque, le curé de Vendenesse-les-Charolles écrivait : « Il est mort cette année 303 personnes sans y comprendre 20 ménages qui ont quitté la commune et se sont répandus dans l'Auvergne, le Bourbonnais et la Haute Bourgogne à cause de la rareté du grain par tout le Charolais où l'on n'a point cueilli de blé ni de fruits sur les arbres qui furent gelés au mois de janvier dernier et qui sont morts pour la plus grande partie, ce qui a obligé le peuple à manger du pain de fougère et de glands, après quoi on a mangé l'herbe des prés, celle appelée rouennau et s'il n'y avait eu de l'orge, du blé noir et des febves cette année, on serait tous morts de faim. »

Des bandes armées parcouraient la contrée en se livrant au pillage ; des battues furent organisées pour mettre fin à ces brigandages. Dans la nuit du 7 au 8 mars 1709, quelques habitants de Marcilly et Ozolles « et plusieurs autres complices attroupés, armés de fusils, seraient allés dans ledit temps au château de Moulin-Lacour où Jean Bouchenoire est actuellement fermier et en cette qualité y fait sa résidence, y auraient porté un arbre de la hauteur de 25 à 30 pieds dont ils se seraient servis pour escalader le mur dudit château et auraient ensuite enfoncé une fenêtre de l'un des greniers dans lequel étant entrés, ils volèrent et emportèrent environ 50 boisseaux de froment.

« La nuit du 17 et 18 du présent mois d'avril, lesdits accusés s'en allèrent au nombre de dix, armés de fusils, dans la maison de Claude Saclier, laboureur au village du Montet, paroisse de Verosvres, où ayant forcé la porte de la cour et s'étant avancés pour enfoncer celle de la maison, ils reçurent quelques coups de pierres de Louis Saclier et Pierre Bailly qui étaient couchés dans une galerie qui est sur le devant de ladite maison, mais lesdits accusés tirèrent sur-le-champ cinq ou six coups de fusil dont ledit Bailly a été dangereusement blessé au bras et à la poitrine, enfoncèrent ensuite la porte de la maison à laquelle Claude Saclier s'étant présenté, ils se jettèrent sur lui, lui donnèrent vingt coups de bourrades de fusil sur la face et sur tout le corps, le terrassèrent et le foulèrent aux pieds, ouvrirent cinq coffres qu'ils forcèrent dans lesquels ils trouvèrent, prirent et enlevèrent 8 mesures de froment, trois boisseaux de noix, quatre quartiers de lard, les jambons et toute la dépouille d'un pourceau nouvellement tué, une moture de deux mesures d'orge, une mesure de blé noir, deux mesures de pois, seize mesures de seigle, deux gros pains de seigle, une pièce de 3o sols, deux pièces de trois sols, neuf deniers et un sac de seigle de la contenance de cinq boisseaux appartenant à Marie Lacoque.

» La nuit du jeudi quatrième avril dernier au vendredi, ils enfoncèrent la porte du grenier de la maison de M. Pierre Quarré, maire perpétuel de la ville de Charolles, située au village dudit Verosvres et prirent tous les grains qui s'y trouvaient.

« La nuit du 19 du même mois, ils brisèrent le bois de la fenêtre d'une chambre de ladite maison où étant entrés, ils prirent tout le blé que ledit sieur Quarré avait donné pour la nourriture de ses métayers, emportèrent tous les habits et linges qu'ils y trouvèrent et étant entrés dans une des étables de la métairie, ils prirent un des bœufs que lesdits métayers engraissent, qui s'étant échappé de leurs mains retourna à son étable le lendemain,

« La nuit du 22 au 23 avril dudit mois, ils enfoncèrent la porte de la maison de Benoît Fénéon, laboureur au village de la Robine, susdite paroisse d'Ozolles, entrèrent dans la maison, terrassèrent Benoîte Fauconnet sa femme, forcèrent les coffres d'une armoire, prirent tous les linges qui s'y trouvaient, un quartier de lard, de la vaisselle d'étain et 3o mesures de froment dont ils ont rempli les sacs qu'ils ont la précaution de porter avec eux, tuent à coups de fusils les bœufs et les vaches qui tombent sous leurs mains, volent et enlèvent les moutons et les veaux et essayent même d'assassiner ceux qui osent se plaindre du tort qu'ils leur ont fait,.... (1). »

Redoutant les pillages des bandes qu'excitaient la misère et la faim, le maire de Charolles ordonnait de garder les portes des faubourgs de Champagny, de la Madeleine, de barrer celle située derrière le château, ainsi que les poternes percées dans les portes de la ville, à peine de vingt livres d'amende (1).

(A suivre)

---

(1) Arch. dép. B. 692.
(2) Arch. Charolles B B 2.

Une Fête de l'Agriculture à Charolles en 1797

Le calendrier républicain établi en 1793 pour rompre plus complètement en politique et en religion avec l'ancien régime, modifiait considérablement les anciennes coutumes en substituant les décades aux semaines, les fêtes républicaines et décadaires aux fêtes religieuses. Dans les campagnes, soit par indifférence, soit par fidélité aux traditions séculaires, les habitants continuaient à fêter les dimanches et à travailler pendant les jours de décades. Aux assemblées décadaires, l'agent national se bornait généralement à donner lecture des lois nouvellement parues, à prononcer quelques discours sur les vertus civiques ou « analogues aux circonstances » et la loi restait impuissante pour obliger les foules à y assister.

Pour combattre cette indifférence et obtenir la célébration du décadi, il fallait des fêtes. « Il importait, dit Thiers, en songeant aux biens moraux et religieux du peuple, de songer aussi à ses besoins d'imagination et de lui donner des sujets de réunions publiques. » La Convention le comprit et à la suite d'un rapport de Robespierre elle établissait le 18 floréal an II (7 mai 1794) par le décret qui suit, le culte de l'Etre suprême et diverses fêtes civiques :

« 1° Le Peuple français reconnaît l'existence de l'Etre suprême et l'immortalité de l'âme.

2° Il reconnaît que le culte digne de l'Etre suprême est la pratique des devoirs de l'homme.

3° Il met au rang de ses devoirs de détester la mauvaise foi et la tyrannie, de punir les tyrans et les traîtres, de secourir les malheureux, de respecter les faibles, de défendre les opprimés, de faire aux autres tout le bien qu'on peut et de n'être injuste envers personne.

4° Il sera institué des fêtes pour rappeler l'homme à la pensée de la Divinité et à la dignité de son être.

5º Elles emprunteront leurs noms des événements glorieux de notre Révolution, des vertus les plus chères et les plus utiles à l'homme et des plus grands bienfaits de la nature.

6º La République française célébrera tous les ans les fêtes du 14 juillet 1789, du 10 août 1792, du 31 janvier 1793, du 31 mai 1793.

7º On célébrera, aux jours du décadi, les fêtes dont l'énumération suit :

A l'Etre suprême et à la nature.	A la liberté du Monde.
Au Genre humain	A l'amour de la Patrie.
Au Peuple Français.	A la haine des tyrans et des traîtres.
Aax bienfaiteurs de l'humanité.	A la vérité.
Aux martyrs de la liberté.	A la justice.
A la liberté et à l'égalité.	A la pudeur.
A la République.	A la gloire et à l'immortalité
A l'amitié	A la piété filiale.
A la frugalité.	A l'enfance.
Au courage.	A la jeunesse.
A la bonne foi.	A l'âge viril.
A l'héroïsme.	A la vieillesse.
Au désintéressement.	Au malheur.
Au stoïcisme.	A l'agriculture.
A l'amour.	A l'industrie.
A l'amour conjugal.	A nos aïeux.
A l'amour paternel.	A la postérité.
A la tendresse maternelle.	Au bonheur..... »

Ces fêtes étaient en trop grand nombre, et quand la liberté fut rendue au culte catholique, le dimanche remplaça insensiblement le décadi. Pendant le Directoire et le Consulat, on se bornait à Charolles à célébrer les anniversaires des grands jours de la Révolution, et de temps à autre, au milieu de l'indifférence de la population, les fêtes de la Victoire et de la reconnaissance en l'honneur des défenseurs de la Patrie, celles de l'agriculture, de la jeunesse, de la vieillesse et des époux. Nous donnons le procès-verbal de la fête de l'agriculture célébrée le 11 messidor an V (29 juin 1797). Cette première fête de l'agriculture n'a que de lointaines ressemblances avec les cérémonies actuelles de nos comices agricoles.

**

« Ce jourd'hui onze messidor an V de la République, sur l'heure de dix du matin, la fête de l'agriculture fixée au dix messidor a été célébrée de la manière snivante :

Les administrateurs, le commissaire du Directoire exécutif, les autorités constituées, la garde nationale sédentaire et en activité, enfin tous les citoyens et citoyennes ont été convoqués par des lettres, au son de la caisse et des fanfares et se sont rangés sur la place publique.

Le citoyen Fenayon (1), cultivateur de la commune, ayant été invité à se rendre sur la même place, y a amené un char et une charrue attelée de bœufs ; la charrue a été ornée de feuillages et de fleurs ; les cornes des bœufs ont été aussi ornées de rubans tricolores, et le joug de bouquets entrelacés d'épis.

Le devant du char portait des instruments agricoles et était surmonté de la statue de la Liberté tenant d'une main une corne d'abondance et montrant de l'autre les instruments de labourage entassés sur le devant du char.

La charrue précédée d'un groupe de laboureurs ayant à leur tête leurs femmes et leurs enfants, tenant d'une main des instruments d'agriculture et de l'autre un bouquet d'épis et de fleurs, leurs chapeaux ornés de feuillages, est partie de la place publique, a contourné la place de la Foire, la Grande-Rue, celle devant l'église, la Poterne, est arrivée, suivie du char, de la garde nationale, des caisses et fanfares, des autorités constituées, au champ de la Fédération.

La charrue, le char et le cortège ont contourné l'autel de la Patrie, les autorités constituées et le cultivateur qui avait été désigné sont montés sur l'autel de la Patrie, le cultivateur placé à côté du président (2). Celui-ci a prononcé un

____

(1) Benoît Fenayon, de Garaudaine.

(2) Louis Archambaud Joleaud, président de l'Administration cantonale.

discours analogue à la fête, l'agent municipal en a fait un second.

Après quoi, au son de la musique et des chants, le cortège s'est ensuite évacué dans le même champ de la Fédération, s'y est rangé en ordre.

Au signal donné, les laboureurs se sont mêlés parmi les citoyens armés, ont fait échange momentané des ustensiles de labourage contre les fusils. Au son des fanfares le président a enfoncé dans la terre le soc de la charrue et tracé un sillon. Après, les laboureurs ont rendu les fusils ornés d'épis et de fleurs et ont repris les ustensiles de labourage.

Le cortège s'étant approché de l'autel de la patrie a déposé sur icelle les instruments d'agriculture et les a couvert d'épis, de fleurs et d'autres productions de la terre. Après cela, le peuple s'est livré à la danse.

Cette fête s'est passée dans la plus grande tranquillité et avec la solennité que les circonstances permettent.

Dont et de quoi l'administration municipale du canton de Charolles a réglé procès-verbal. »

J. RONDET.

A travers Charolles

II. Le Château

De l'ancien château fortifié, du castrum édifié sur une étroite esplanade pour défendre la ville et commander les environs il ne reste aujourd'hui que deux tours isolées et les remparts montés sur des assises de rochers et surplombant d'une hauteur de plus de quinze mètres la Grande-Rue (ancienne rue des Fossés), le champ de foire et la rue Gambetta. Son système défensif a complètement disparu. D'après la tradition, neuf tours formaient l'enceinte du

Château ; deux ont survécu aux orages des temps et l'emplacement de deux autres se reconnaît encore.

Les comtes de Charolais ne paraissent avoir fait que de rares séjours dans la capitale du comté ; le château servait de résidence aux baillis et gouverneurs du pays. En 1690, il était totalement ruiné ; les officiers des cas royaux s'en étaient emparé et avaient transformé en prisons les deux caves qui restaient. Le bailli Duhautoy désirant en faire son habitation, éleva sur les ruines et masures un pavillon « fort logeable, composé de deux étages et les cuisines et offices dessous, et à chacun desdits étages deux vestibules, quatre chambres, deux cabinets, le tout de plain-pied. » Il construisait en même temps des greniers et écuries et réparait le contour des murailles tombées en plusieurs endroits.

Les travaux étaient à peine achevés que dans la nuit du 26 au 27 avril 1694, des malveillants mirent par les greniers le feu dans le pavillon qui fut à moitié incendié. « Le prompt secours que le sieur Duhautoy y fit donner sauva le reste et depuis il l'a fait rebâtir en diligence à ses frais en sorte qu'il est à présent tout réparé. La tour des Archives ne fut point endommagée parce qu'elle est éloignée du pavillon et ne peut être sujette au feu ».

Par arrêt du Conseil d'Etat du 10 mars 1771, le roi Louis XV devenu propriétaire du Charolais ensuite d'un échange avec la princesse de Sens, accensait à Pierre François Bernigaud de Cercy (1), son procureur au baillage de Charolles, le château, cour, jardin et dépendances « à la charge de payer au Domaine un cens annuel et perpétuel emportant lods et ventes et tous droits seigneuriaux, de onze setiers (2) du plus beau froment, mesure de Paris, payables néanmoins en argent, sur le pied de 18 livres le setier pendant sa vie et ensuite suivant l'estimation qui en sera faite d'après les mer-

---

(1) Fils de Gilbert Bernigaud, écuyer, secrétaire du roi, seigneur de Chardonnet, grenefier du grenier à sel de Charolles et Perrecy en 1744, et de N. Callard.

(2) Le setier, ou septier, mesure de Paris, valait en blé 12 boisseaux ou 156 litres, en avoine 24 boisseaux ou 312 litres.

curiales des dix dernières années du marché de Charolles...
et à condition de déposer au Trésor royal une somme de
2.4oo livres pour sûreté du paiement exact dudit cens...

« En outre, à condition de conserver au Domaine la tour
qui se trouve au fond dudit château, à l'effet de servir la cave
de ladite tour pour le banvin, la pièce au rez-de-chaussée
pour la perception des rentes, la pièce du premier étage pour
les archives, et la pièce du second étage pour grenier ; de
mettre ladite tour et chacune des pièces en bon état et propres à servir aux objets auxquels elles sont destinées et de
les entretenir à perpétuité de toutes réparations et même de
reconstruction.

« De fournir dans l'enceinte actuelle du Château un autre
bâtiment de 18 pieds sur 12 de large au moins en œuvre,
composé d'une pièce au rez-de-chaussée pour [resserrer les
bestiaux pris en mésus, et d'un grenier au-dessus avec un
escalier pour y monter, qui ne sera point pris dans lesdites
dimensions et d'entretenir à perpétuité lesdits bâtiments de
toutes réparations généralement quelconques, même de
reconstructions.

« De faire démolir à ses frais dans le délai qui lui sera fixé
la partie du vieux mur du Château sous lequel il a été construit plusieurs maisons et de le réduire à six pieds de hauteur
au-dessus du niveau du sol du jardin, sans aucuns recours
et répétition pour cause de dégradation desdits murs ou
usurpation de terrain contre les propriétaires desdites
maisons, lesquels droits et actions demeurent réservés à
Sa Majesté..... »

Au mois de janvier 1778, les murailles dont la démolition
était ordonnée, s'écroulèrent écrasant l'écurie du sieur
Trochard, aubergiste au faubourg de Bourgogne et les cinq
chevaux d'un voiturier de Ste-Cécile-la-Valouze.

Durant la Révolution, le Château devenu propriété nationale, fut acheté par Pierre François Bernigaud, ancien cen-
sitaire ; il servit de prison aux suspects pendant la Terreur ;
Pierre François Bernigaud y fut enfermé ainsi que son frère

Jean Louis Bernigaud des Granges, ancien lieutenant général au bailliage de Chalon-sur-Saône et député à l'Assemblée Constituante.

Pierre François Bernigaud décéda en 1813 laissant de Anne Pierrette Clerzon une fille qui épousa Denis Nault de Champagny, ancien capitaine de cavalerie, chevalier de Saint-Louis, maire de Charolles de 1815 à 1819.

Anne Pierrette Eugénie, leur fille, épousa en 1826 Angélique Marie Placide Puthod de Maison Rouge, substitut du procureur du roi à Charolles, fils d'un adjudant général, colonel héraut d'armes de France et de Louise Antoinette de Laporte.

Leur fille, Madame Durillon, de Villefranche-sur-Saône, vendait le château en 1867 à la ville de Charolles, au prix de 30.000 francs ; la ville en prenait possession le 11 novembre 1867 et au mois de septembre suivant installait dans l'ancien pavillon édifié par le bailli Duhautoy les différents services de la Mairie et la bibliothèque.

L'esplanade fut convertie en jardin public et les vieux bâtiments servant avant la Révolution de grenier à sel ont été transformés récemment en Salle des Fêtes.

Sur l'esplanade, à l'emplacement occupé par le château d'eau, s'élevait une chapelle qui a été démolie dans la première moitié du siècle dernier. En 1673, Claude Rougemont, concierge des prisons, remontrait « qu'ayant été obligé de tenir la porte du Château et des prisons ouverte dès hier matin pour laisser la liberté d'aller dans l'église de St-Pierre enfermée dans la cour desdites prisons et Château, aux fins de gagner les pardons par ceux qui voudraient la visiter, ainsi que l'on a accoutumé dans ce saint temps de Pâques et même pour y gagner le jubilé publié ledit jour d'hier (26 mars 1673) suivant les stations y marquées, il avait mis un prisonnier criminel dans les basses fosses » le lendemain matin, ayant ouvert la porte de la basse fosse pour donner un peu d'air au prisonnier, il trouva la muraille rompue, les fers brisés, la branche d'un côté et les deux jambières de l'autre ; une corde faite avec les débris d'une méchante chemise pendait le long de la muraille (1).

Une étroite terrasse domine le portail ogival qui donne entrée au Château ; à droite de cette porte se dresse une tour ronde à bossages dont le rez-de-chaussée sert de geôle municipale.

La Tour, dite de Charles le Téméraire (ancienne Tour des Archives) dont les murs dépassent deux mètres d'épaisseur, se divise en quatre étages surmontés d'un toit en forme de cône très allongé. Au dessous du niveau du sol s'ouvre la cave du banvin percée de deux meurtrières. Depuis la veille de Pâques à midi jusqu'à la veille de la Pentecôte, même heure, les aubergistes de la ville ne pouvaient vendre d'autre vin que celui débité sur la place du Château par le fermier du droit de banvin. La quantité à vendre en 1738 était de 43 tonneaux de vin rouge et deux de vin blanc, taxés suivant la qualité à 4, 5 et 6 sols la pinte (2).

Se déroulant dans une tourelle accolée à la grande tour, un étroit escalier en pierre donne accès aux quatre étages. En la salle du deuxième étage, un écu en relief, sans armoiries, orne le manteau d'une haute et large cheminée. Au troisième étage, les murs sont percés de trois meurtrières permettant le pointage des couleuvrines dans toutes les directions ; les logettes formées par les embrasures des fenêtres sont pourvues de bancs de pierre et de cases profondes destinées aux munitions. Quatre ouvertures percées au quatrième étage permettaient aux guetteurs de surveiller l'horizon.

Un musée créé en 1913 et qu'enrichiront tous ceux qui aiment la petite patrie a été installé au premier étage de la vieille Tour de Charles le Téméraire.

Madame veuve Laporte, née Jeanne-Marie Pézerat, issue d'une ancienne famille charollaise, lui a légué en 1914 : une

---

(1) Arch. dép. B 617.
(2) Arch. dép. B 673.

armoire à linge, genre charolais, d'une époque transition Louis XV à Louis XVI, un argentier Louis XVI, genre charolais, un petit meuble à linge style Louis XIII, un bénitier en airain, chargé d'un écusson, ayant servi pour le baptême de la grosse cloche de l'église de Charolles en 1692 ; deux eaux fortes de Paul Martin, de Mâcon, représentant : l'une, un arbre couché de la forêt de Ceillon, près Bourg ; l'autre, les Tours du vieux St-Vincent de Mâcon ; une pendule marbre blanc et cuivre doré, époque Directoire ; deux petits tableaux en bois dur incrusté de nacre, provenant de l'Indo-Chine ; deux assiettes de Saxe, une ancienne avec des roses et un monogramme, l'autre moderne avec des oiseaux et des insectes ; une autre assiette avec la marque de Naples « N » surmontée d'une couronne fermée et pour sujet les armes d'Autriche ; une assiette de Lunéville ; quatre pots Kabyles ; une ancienne gravure allégorique : « La Franche-Comté conquise pour la deuxième fois », et divers animaux empaillés.

(*A suivre*). J. Rondet.

Le Gérant : J. RONDET.

Charolles, imprimerie de l' « Echo du Charollais », Rue Gambetta
Labrosse et Burtin.

La Revue du Charolais

REVUE D'HISTOIRE REGIONALE

(Charolais, Brionnais et Bourbonnais)

PUBLICATION MENSUELLE

A travers Charolles

III. La Place du Château

(Ancienne Place du Bailliage)

L'étroite place qui s'étend entre le Château et le Tribunal de commerce portait, avant la Révolution, le nom de Place du Bailliage. La justice se rendait en l'auditoire actuel du Tribunal de commerce.

Au moyen-âge, la justice seigneuriale, démembrement inféodé de la puissance publique, était devenue une propriété possédée à titre de fief, rattachée à une terre dont elle formait l'accessoire, et son titulaire, le seigneur justicier, avait le droit de juger tous ceux qui habitaient le territoire de sa justice. Elle résultait non de l'autorité publique mais de contrats féodaux, et le seigneur l'exerçait avec l'assistance des vassaux qui lui devaient le service à l'ost et aux plaids.

Pour diminuer l'autorité des seigneurs, Philippe-Auguste institue en 1190 sous le nom de bailliage une juridiction permanente ; Charles VI ordonna en 1413 que les baillis ignorant le droit Romain auraient des lieutenants auxquels ils donneraient le quart de leurs gages. Avec le temps, les baillis, hommes de qualité pour la plupart, abandonnent aux légistes les attributions judiciaires ; la justice est rendue en leur nom, mais ils se bornent généralement à se faire recevoir au bailliage, l'épée au côté et ne reparaissent pas aux audiences. Au Tribunal du bailliage, le bailli ou son lieutenant jugeait entouré d'un conseil de praticiens qui, sous François Ier, furent transformés en magistrats permanents.

En 1477, Louis XI établit à Charolles le bailliage royal destiné à connaître des cas royaux où la majesté du prince, la dignité de ses officiers, la sûreté publique se trouvaient violées ou intéressées, tels les crimes de lèse-majesté divine ou humaine, de sacrilèges, d'assemblées illicites, de sédition, de fausse monnaie. Durant les troubles de la Ligue, cette juridiction se transporta à Bourbon-Lancy restée fidèle à la cause royaliste, et, après la soumission de Charolles à Henri IV en 1594, fut rétablie en cette ville par arrêt du Parlement royaliste de Bourgogne siégeant à Semur-en-Auxois (1).

Les cas royaux ne furent jamais définis de façon précise et grâce à cette obscurité voulue leur liste s'étendait sans cesse. Aussi, de violents et passionnés conflits d'attributions qui furent évoqués au Conseil du Roi et dont l'auditoire fut maintes fois le théâtre, s'élevèrent entre les deux bailliages royal et comtal et subsistèrent jusqu'à la fin du XVIIe siècle. Des injures étaient proférées et des coups portés en pleine séance (2). « Les officiers du roi se plaignaient d'avoir couru diverses fois, outre la perte de leurs biens, le risque et hasard de leurs vies, de violents, injurieux, insupportables débordements (3). » En 1642, « comme la ville de Charolles était pleine de gens de guerre qui étaient en garnison (4) on leu fit brûler tous les sièges, bancs, même la plus grande partie de la clôture de l'auditoire, laquelle était en bois, de sorte que les officiers du Comté ne purent plus rendre la justice

---

(1) Arch. dép. B. 540.
(2)   B. 574.
(3)   B. 587.
(4) Le régiment du marquis d'Uxelles.

dans ledit auditoire et que depuis ils ont été contraints de la rendre dans leurs maisons particulières (1). » ·

Devenu possesseur du Charolais, Louis XV supprimait en 1765 la juridiction comtale qui n'avait plus raison d'être, et le bailliage royal subsista seul jusqu'en 1790. Il comprenait un lieutenant général civil et criminel, enquêteur et commissaire enquêteur, un lieutenant particulier, quatre conseillers, un procureur du roi, un avocat du roi, un greffier, un receveur des consignations, un commissaire aux saisies réelles, douze procureurs, deux huissiers-audienciers et quatre huissiers ordinaires (2). Toutes ces charges étaient vénales, héréditaires et patrimoniales, ce qui entraînait l'inamovibilité de leurs titulaires. Leurs revenus étaient constitués par les épices, menus cadeaux consistant dans l'origine en dragées ou épices que les plaideurs étaient dans l'habitude de faire aux juges, et qui de facultatifs devinrent obligatoires furent convertis en argent et soumis à une taxe précise. En exécution d'un édit royal, les officiers du bailliage donnèrent en 1771 l'évaluation de leurs charges ; celle du lieutenant général était de 40.000 livres, celle du procureur du roi 20.000 livres, celles du lieutenant particulier et de l'avocat du roi 12.000 livres chacune, celles des conseillers 6.000 livres chacune. (Arch. du bailliage 1771).

Le siège était occupé en 1789 par Pierre Aubery, lieutenant particulier, Claude-Marie Saulnier de la Noüe, Gérard Laizon, Claude-Louis Aubery, L.-M. Fricaud conseillers, Louis-Anne Fricaud, procureur du roi et François-Marie Villedey, avocat

---

(1) Arch. Charolles 77.

(2. Le document suivant, de l'année 1531, indique les aptitudes requises à cette époque, des candidats aux charges d'huissiers, ou sergents :

« Ont comparu Philibert Delorme et Pierre Ménagier, sergents, auxquels nous avons présenté le papier pour escrire, et après avoir lu leur escripture avons iceux faict lire en ung mandement escrit de la main de M· Claude Bérard, greffier en ce bailliage. Et, pour l'imperfection trouvée en iceulx, avons ordonné auxdits Delorme et Ménagier se exercer par cy après à mieulx former leur lecture et escripture pour, par après eux représenter par devant nous ; jusqu'au quel temps leur faisons défense d'exercer l'état de sergent » (Arch. d'p B 538).

du roi ; la lieutenance générale était vacante par suite du décès de Louis Archambaud Palamède Baudinot, survenu au cours de l'année précédente.

**

Avec la Révolution disparurent les justices seigneuriales et juridictions des bailliages. La loi du 16-24 août 1790 réglait la nouvelle organisation judiciaire. « Le vénalité des offices de judicature est abolie pour toujours, les juges rendront gratuitement la justice et seront salariés par l'Etat (1). » Un décret du 23 août désigna la ville de Charolles pour être le siège du tribunal de district ; le nombre des juges était fixé à cinq et leur traitement était de 1800 livres. Les premiers juges du tribunal furent Louis de Rymon, Claude Fricaud, Pierre Aubery, Cosme Chagny et François Tremeaud ; ils avaient été élus au scrutin individuel et à la pluralité des suffrages par une assemblée d'électeurs réunis à Charolles et désignèrent pour greffier Emiland Brémond. Le commissaire du roi, dont la nomination demeurait réservée au roi, était Louis Fricaud et les fonctions d'accusateur public étaient remplies par Pierre Saulnier de la Noue.

Leur installation eut lieu le 25 novembre 1790, en présence du Corps municipal, de l'administration du district et de la garde nationale. Ils prêtèrent serment de maintenir de tout leur pouvoir la constitution du royaume, d'être fidèles à la nation, à la loi, et de remplir avec exactitude et impartialité les fonctions de leurs offices ; les membres du Corps municipal prirent au nom du peuple l'engagement de porter au Tribunal et à ses jugements le respect et l'obéissance que tout citoyen doit à la loi et à ses organes. Le maire Langeron, curé primicier et le procureur de la commune Michegaux portèrent la parole et après que le président de Rymon eut

____

(1) Dix ans plus tard, au Conseil général de S.-et-L., un rapporteur demandait la suppression de la justice gratuite : « Depuis qu'on a voulu rendre la distribution de la justice gratuite, écrivait-il, elle est devenue beaucoup plus dispendieuse qu'auparavant... Les temples de Thémis sont devenus des antres de brigands. » Délib. du Conseil Gén an X

prononcé un discours « plein d'énergie, de sensibilité, affa-
bileté et de reconnaissance » le cortège se rendit en l'église
paroissiale de St-Nizier pour chanter un *Te Deum* d'actions de
grâces. Les habitants de la ville avaient été invités à **pavoiser**
et illuminer leurs demeures.

La veille de ce jour, le Corps municipal avait **apposé** les
scellés sur la porte des archives du bailliage royal et au
Château sur la Tour des Archives renfermant les papiers de
l'ancien bailliage comtal. Les scellés étaient également apposés
chez les greffiers des juridictions seigneuriales, chez Benoît
Marie Degouvenain, greffier des justices de Champlecy,
Génelard, le Brouillat, Moleron, Villorbaine, Beaulieu;
chez Laurent Cortey, greffier du grenier à sel, chez Simon
Perrin, greffier de la maréchaussée et des justices de Digoine,
Saillant, Collange, Cypierre, le Sauvement, Champvigy,
Beaubery, Montessus, Fontenay; chez Joseph Marie Bertrand,
greffier de la justice de Bragny et chez François Garnier,
greffier des justices de Martigny-le-Comte, Marcilly, Epinassy,
Brèche, Balorre, Limaud.

La Convention décida le renouvellement des corps judiciaires; le peuple avait le droit de choisir ses magistrats, non
plus seulement parmi les hommes de loi, mais parmi tous les
citoyens indistinctement, pourvu qu'ils aient l'âge de 25 ans
et ne soient ni serviteurs ni mendiants.

La Constitution de l'an III centralise la justice en l'éloignant
des plaideurs ; un tribunal civil, unique pour le département,
siégeait à Chalon-sur-Saône ; Charolles ne conservait que le
tribunal correctionnel. La constitution de l'an VIII plaça le
pouvoir judiciaire sous la dépendance du pouvoir exécutif ;
les juges étaient nommés par le premier Consul. Le tribunal
civil fut rétabli à Charolles et installé le 14 messidor VIII ; il
se composait de Louis de Rymon, président; Claude Fricaud,
député à la Constituante ; J.-B. Repoux, homme de loi;
Pierre Aubery aîné, ancien juge. Le commissaire du gouvernement était J.-B. Delametherie, et le greffier J.-M. Gelin,
ancien député à la Convention et aux Anciens, ex-commis-

saire du tribunal correctionnel. Au cours de cette installation, le sous-préfet Geoffroy, de Rymon et Delametherie prononcèrent des discours « qui ont peint d'une manière si précise les devoirs de la nouvelle magistrature que le tribunal a demandé qu'ils fussent annexés au procès-verbal. » De son côté, le maire de la ville, L.-M. Fricaud, avait salué en termes dithyrambiques le retour du tribunal « qui distribuera impartialement la justice, cette vierge du ciel qui a des autels dans les cœurs de tous les braves gens. »

Un palais de justice pour le tribunal civil ayant été édifié vers 1820 au faubourg Champagny, sur la place des Saintes Marie, l'ancien auditoire du baillaige fut réservé aux audiences de la justice de paix et du tribunal de commerce. Ce dernier tribunal avait été établi par la loi du 24 messidor an VII ; une des raisons qui valut à la ville de Charolles d'être choisie pour cet établissement fut « le bon esprit qui a toujours existé dans cette ville. »

Le bâtiment du bailliage renfermait les archives de cette ancienne juridiction. Le 28 octobre 1812, le sous-préfet de Charolles écrivait au préfet de Saône-et-Loire : « Les chartes anciennes du Charollais, si précieuses pour l'histoire du pays, réunies aux papiers du greffe du bailliage dans un local humide, resserré et malsain, n'existent plus que dans des débris livrés aux insectes et dont il est impossible de tirer parti. » (Arch. dép. Fonds du service, cart. 1). En 1772, le lieutenant-général du bailliage avait déjà dressé un procès-verbal constatant que les archives étaient pourries par l'humidité du local ou mangées par les rats. (Arch. du bailliage   ).

Durant la Révolution, la place du Bailliage portait le nom de « Place de la Liberté ». Un arbre de la liberté y fut planté en 1793 et le 4 messidor an II, les officiers municipaux de la ville établissaient le certificat suivant ,. .. « Déclarons qu'en exécution de la loi qui ordonne le brûlement de tous les titres féodaux nous avons incendié le 23 vendémiaire sur la place de la Liberté tous les titres féodaux déposés au Bureau municipal dans le nombre desquels étaient tous ceux confiés par différents ci-devant nobles et seigneurs aux soins du citoyen Benjamin Dufour, géomètre, qui nous a déclaré n'en avoir gardé aucun en sa puissance.

Déclarant de plus que nous n'avons point fait d'inventaire des pièces qui nous ont été apportées et que nous n'en avons point donné de décharge.... » (Arch. Charolles D2).

*
* *

On sait combien cruelle, arbitraire et inégale était l'ancienne législation pénale. Le châtiment encouru pour le même crime variait avec la qualité du coupable et le rang de la victime ; en général. la potence était pour les roturiers, le décollement pour la noblesse, la roue pour les crimes atroces, le feu pour ceux de lèse-majesté divine, l'écartèlement pour ceux de lèse-majesté humaine. La peine de mort s'accompagnait de tortures barbares ; le procès était fait au cadavre et la peine survivait au coupable dans la confiscation de ses biens et les humiliations qui atteignaient sa famille.

Quelques détails empruntés aux archives de la justice criminelle du bailliage de Charolles montrent quelles étaient les peines infligées aux XVII° et XVIII° siècles.

La justice condamnait les faux monnayeurs à être pendus et étranglés jusqu'à ce que mort s'en suive, et étant morts, leurs corps réduits en cendres qui seront après jetées en l'air. Leurs femmes et enfants assistaient à l'exécution et après avoir été fouettés, étaient condamnés au bannissement (1).

Pour faillite et banqueroute et avoir emporté à divers particuliers des sommes considérables, un messager faisant le service des Postes de Charolles à Dijon, était condamné à faire amende honorable à la porte de l'auditoire royal un jour de marché, la corde au col, avec un écriteau portant ces mots : « Messager qui a emporté frauduleusement les deniers qui lui étaient confiés », ensuite être conduit aux galères du roi pour y servir de forçat à perpétuité (2).

---

(1) Arch. dép. B. 650, 387.

(2)　　》　　B. 676.

Convaincu de commerce de faux sel, de vol et d'assassinat commis à « coups de vouge », un manœuvre de Sanvignes était condamné à « avoir les bras, jambes, cuisses, reins, rompus vifs sur un échafaud qui sera élevé pour cet effet en la place ordinaire des exécutions de cette ville, ensuite mis sur une roue la face tournée vers le ciel pour y finir ses jours ; ensuite, que son cadavre sera porté par l'exécuteur de la haute justice et exposé sur le chemin de Sanvignes... (1). »

Pour vol avec effraction et sacrilège, les juges du bailliage condamnaient un autre manœuvre « à faire amende honorable, nud en chemise, la corde au col, tenant en ses mains une torche de cire ardente du poids de deux livres, au devant de la principale porte de l'entrée de l'église collégiale où il sera mené et conduit par l'exécuteur de la haute justice, et là étant tête nue et à genoux déclarer que méchamment il a pillé et volé les vases sacrés de l'église de....., dont il se repent, en demande pardon à Dieu, au roy et à la justice ; ensuite aura le poing de la main droite coupé au devant de ladite église, et de là conduit par ledit exécuteur sur la place ordinaire des exécutions, attaché à un poteau sur un bûcher, étranglé audit poteau, et sur-le-champ son corps brûlé et réduit en cendres qui seront jetées au vent (2). »

Angélique Lombard s'étant fait administrer plusieurs fois le sacrement du baptême, notamment à St-Just-la-Penduc et à l'Hôtel-Dieu de Charolles fut condamnée « à faire amende honorable à la porte de l'église paroissiale, accompagnée de l'exécuteur de la haute justice, la torche au poing et allumée, et là déclarer qu'elle demande pardon à Dieu, au roy et à justice de l'abus qu'elle a fait des sacrements, qu'elle s'en repent et proteste de vivre plus régulièrement qu'elle n'a fait ; ensuite être conduite par le même exécuteur dans les rues et places publiques de cette ville et être fustigée en quatre endroits jusqu'à effusion de sang et ensuite flétrie sur l'épaule gauche d'une fleur de lys (3). »

---

(1) Arch. dép. B. 632.
(2)   »   B. 637.
(3)   »   B. 642.

Le prévenu était au préalable soumis à la question pour lui arracher des aveux ou les noms de ses « adhérents ». La torture pratiquée à Charolles était celle des pots d'eau. Le condamné ou prévenu était étendu sur un banc ; ses bras étaient attachés séparément par des cordes passées dans deux anneaux de fer fixés en face l'un de l'autre aux parois latérales de la chambre de torture ; [les jambes étaient liées par une autre corde dont les extrémités passaient dans deux autres anneaux. On tendait le patient de telle sorte que son corps ne portât plus sur le banc ; l'interrogatoire commençait et si le magistrat obtenait des aveux complets le supplice s'arrêtait. Sinon le petit tréteau de l'ordinaire était passé sous la corde qui liait les jambes et l'exécuteur de la haute justice faisait successivement avaler au patient quatre pots d'eau. Les aveux étaient-ils incomplets, au premier tréteau était substitué le grand tréteau de l'extraordinaire et le patient devait encore avaler quatre pots d'eau à moins que le médecin et le chirurgien présents ne déclarent que l'on ne pourrait continuer sans mettre sa vie en danger (1).

Au bailliage de Mâcon la torture variait mais était encore plus inhumaine. « Le 26 mai 1693, sur ce qui a été remontré par le procureur du roy que la manière de donner la question qui se pratique en ce siège est si rigoureuse qu'elle met un criminel en danger de perdre la vie, ou du moins, d'être estropié des bras et des jambes parce qu'on attache à un accusé aux doigts des pieds et des mains liées derrière le dos une pierre du poids de 170 livres et on soulève avec des poulies et des cordes l'accusé ainsi attaché, en sorte qu'il soit eslevé de terre avec la pierre ce qui lui déboîte les os ; pour mettre remède à ces inconvénients il a été ordonné que le procureur du roy se pourvoira à la Cour pour obtenir une manière de donner la question plus praticable et moins rude (2). »

(*A suivre*).   J. RONDET.

------

(1) Arch. dép. B. 699.
(2) Arch. dép. B. 1699.

La Loire dans le val charollais

Après avoir traversé les cités populeuses de St-Etienne et de Roanne, lasse d'avoir trop couru à sa descente des montagnes, souriante quand même, limpide, débarrassée de tous les immondices cueillis dans ses randonnées au cœur des agglomérations ouvrières, la Loire pénètre chez nous, comme une reine opulente, au milieu des immensités vertes du Brionnais et des coteaux chargés de vignes.

Elle muse au seuil des villages, s'attarde à chaque hameau, traverse des ponts, se repose sur les grèves de sable fin, flane sur les gués, bavarde à tous les bacs, écoute les oiseaux chanter dans les verdiaux.

Elle arrive au pays de la richesse.

Les troupeaux blancs la saluent au passage et elle emporte vers la mer les chansons de nos vendangeurs et les cantilènes de nos petits clochers.

La haute silhouette des peupliers babillards se mire dans ses ondes. Elle semble fuir Marcigny, comme à dessein ; se rapproche du bourg de Baugy ; somnole parmi les grasses embouches d'Anzy, Montceaux-l'Etoile, Vindecy, l'Hôpital-le-Mercier. De loin, les cheminées géantes de Digoin la fascinent. Mais craintive, elle ne fait qu'affleurer la cité des faïences et des eaux. Elle baisse la tête et passe sous le canal latéral.

Après de nombreux et capricieux détours, elle vient buter contre la muraille onduleuse et bleue des coteaux charollais. Toujours jeune, elle semble narguer le vieux château de La Motte-St-Jean, dont la terrasse la domine fièrement. Elle frémit en songeant au passé de ce bourg qui fut autrefois ville imposante et forte. Elle rêve aux flotilles de tonneaux qu'on lui confiait, aux mariniers d'antan qui chantaient au cours de leurs voyages :

> Si vilains sur terre,
> Sur eaux, seigneurs nous sommes !

Elle s'attache à la grande route de Paris-Genève, reflète les hauteurs de St-Denis et de St-Agnan, couvertes d'échalas et drapées dans les luzernières, passe à Talenne et se souvient avec mélancolie de ses belles foires de jadis.

Chargée de tous ces souvenirs, parée de toutes ces beautés, elle continue plus grave et plus soucieuse, sa marche vers l'océan.

Puis elle quitte, comme à regret, cette contrée, l'une des plus riches de France, l'une des plus gaies et des plus lumineuses, cette région aux horizons vastes sous lesquels se marient avec le plus d'élégance toutes les gammes des verts, et où le feuillage sombre des vignes alterne avec le tapis velouté des prés.

Souventes fois, terrible et farouche, au lendemain des pluies d'automne, elle est, aux grands jours de l'été, la rivière la plus blonde et la plus paresseuse du monde.

Mais, dans ses bons comme dans ses mauvais jours, elle a toujours ses charmes.

Elle est et restera l'Amie préférée des peintres et des poètes. Laronze et Rameau ont à jamais fixé sur leurs toiles ses paysages de douceur, de rêve et de lumière.

Et de se voir aujourd'hui aussi indolente, aussi inutile, elle a honte parfois et se demande si un jour, elle ne reverra pas sur ses bords, ces « colosses de bronze remuant poutre comme un fétu, humant le piot, clamant à plein gosier :

> Tin bin lu coup
> Marinier d'loup !
> Lâch'pas lu main
> Marinier d'chien ! »

Antoine Rigaud.

Le Coin de nos Poètes

I. La Roche d'Ajoux

....Sur tes cîmes capricieuses,
Mont d'Ajoux, rochers et dolmens,
Que de traces mystérieuses !

. . . .

. . . .

Dominant ton mont de verdure,
Combien de fois l'éclair divin
Dévoila la vaine imposture
De ton front bordant le ravin !
Amoureux des foudres sublimes,
Penché, narquois, sur les abîmes
As-tu vu debout Jehova...

. . . .

. . . .

Pour toi, les siècles, comme l'ombre,
Passent leurs rapides instants
Et les événements sans nombre
Ne sont que tableaux inconstants.
Tu vis sous ton sommet de pierre
Naître Chénelette et Propière ;
Tu fus l'antique Panthéon
Des Dieux qui gardaient cette plaine ;
Tu entendis des cris de haine
Sur les hauteurs de Tourvéor (1).

Je voudrais consulter ta mémoire profonde ;
L'homme de la caverne et celui de nos jours
T'ont montré tour à tour les malheurs de ce monde
Mais tu fus bien aussi témoin de leurs amours.

----

(1) D'après la légende le traître Ganelon aurait été enfermé dans un tonneau hérissé de clous qu'on fit rouler du haut de la montagne de Tourvéon.

Avant Socrate, avant Homère,
Avant le pâtre aux chants joyeux,
Avant la Gaule au druide austère,
Quand le ruisseau capricieux
N'avait qu'un long bruit monotone,
Aux printemps, aux saisons d'automne
Sur les coteaux du Beaujolais
Dominant d'affreuses campagnes
Quel aspect avaient ces montagnes
Regardant les monts charollais !

Quels hôtes monstrueux en tes grottes sauvages,
Cris et rugissements alternant tour à tour,
Torrents creusant les monts, lacs sans aucuns rivages,
Gigantesques forêts sans nom et sans amour !

Je veux gravir ta face altière
Et dominer tes noirs sapins.
Si la nature printannière
Aux monts réserve d'autres destins
La plante y croît rare et chétive
Mais sa senteur est toujours vive,
Son fruit devient plus précieux,
Ma chansonnette en est plus douce.
Le rocher est fleuri de mousse.
Je veux le chanter face aux cieux.

Oui, je veux m'enivrer de ton fiévreux délire,
Secouer le pollen aux fleurs du coudrier,
Demander à la muse en toi ce qu'elle admire
De la myrtille airelle ou du vert genevrier.

Et le chasseur du moyen-âge
Guidant ses chiens au son du cor,
Puissant seigneur dont l'héritage
S'ornait d'un titre au blason d'or.

Il amenait sa châtelaine
Sa vassale ou sa suzeraine,
Sur ton rocher gravant, jaloux.
Leurs noms. Aujourd'hui je devine
Que Jacquot et sa Catherine
T'ont doté de noms aussi doux.

Sois discret, vieux rocher ! Les tendres confidences
Et les secrets d'amour sont sacrés comme un vœu.
Garde des doux soupirs l'intime souvenance,
Si tu redis un mot, qu'il soit ton seul aveu !

L'ombre douce de tes allées
Depuis le col des Echarmeaux
Fait monter du fond des vallées
Tous les touristes des hameaux.
Enfants joyeux, troupes volages
Et qui courez sous les feuillages,
Cueillez le myrtil odorant
Ainsi que l'aride bruyère
Dont la fleur buissonnière
Du mont d'Ajoux rougit le flanc !

C. R.

Septembre 1922.

II. Mon Roitelet

La neige tombe et s'amoncelle
Sur la mousse dans les grands bois ;
L'oiseau, de faim, de froid chancelle,
Ne fait plus entendre sa voix.

Dans ma cabanne solitaire,
Tout joyeux, à l'abri du froid
Un petit roitelet vient faire
Sa retraite à côté de moi.

Le soir, il se perd dans la mousse
Ou dans le chaume de mon toit
Et le bruit de son aile douce
M'endort tranquille et sans effroi.

Nous vivons à la même table ;
Des faibles débris de mon pain
Il fait un repas délectable,
Hélas ! bien peu calme sa faim.

Auprès du poêle il me récite
De sa claire et perçante voix
Sa chanson que dans notre gîte
Semble chanter l'écho des bois.

Dans quelques jours la douce brise
Nous annoncera le beau temps
La chaleur de son aile grise
Me fait présager le printemps.

Restons toujours unis ! Les rimes
En célébrant nos mauvais jours
Nous rendront tous deux plus intimes.
Je voudrais qu'il m'aime toujours !

Je passerai l'année entière
Avec mon petit roitelet,
Sans jamais d'aucune manière
Avoir un instant de regret.

C. R.

C. R., poète charolais, n'appartient à aucune école littéraire : il ne s'applique pas à ciseler des strophes, à assembler des mots harmonieux. Après sa journée de labeur, sans nuls soucis de la forme, et au caprice de l'imagination, le poète bûcheron jette sur le papier

« ....de pauvres vers
Que j'ai cueillis partout, au bois, dans les campagnes,
En écoutant, rêveur au pied de nos montagnes
L'effet de leurs échos en mille sons divers.

(Les Chants du Bûcheron).

Il a senti la beauté de nos horizons charolais et cherche à en exprimer la paix calme et sereine. Ses « Chants du Bûcheron », encore inédits, écrits dans « un culot », au fond des bois, célèbrent la mystérieuse poésie des forêts, l'étrange chanson du vent dans les hautes ramures. Il a surpris les essaims des Nymphes et des Naïades dansant leurs rondes autour des claires fontaines, et les Dryades cachées sous les écorces des vieux chênes lui ont confié les antiques légendes de la forêt.

Devant la souffrance et la mort, devant l'injustice, devant le mal, il pose aux sphinx qui bordent la route de l'humanité les éternelles questions qui se sont pressées aux lèvres des générations inquiètes et la foi répond à sa raison impuissante sans que jamais il ne soit tenté de douter de la Providence ou de la blasphémer.   J. R.

Le Gérant : J. RONDET.

Charolles, imprimerie de l' « Echo du Charollais », Rue Gambetta
Labrosse et Burtin.

Deuxième Année   N° 15   Janvier 1924

La Revue du Charolais

REVUE D'HISTOIRE REGIONALE

(Charolais, Brionnais et Bourbonnais)

PUBLICATION MENSUELLE

A travers Charolles

IV. La Rue Baudinot
Le Couvent des Clarisses

La rue Baudinot qui descend du Château à la Place de l'Eglise perpétue le souvenir d'une ancienne et notable famille de la région, dont les armes portaient : de gueules à trois fasces d'or surmontées de trois croissants d'argent rangés en chef.

La filiation de cette famille, originaire du Brionnais, est établie depuis Jean Baudinot, né en 1492, bailli d'Anzy-le-Duc, qui vint se fixer à Paray-le-Monial où il fut notaire et juge du prieuré. Guillaume, son fils, né en 1512, était notaire en la même ville et secrétaire du Cardinal de Lorraine, abbé de Cluny. Le Musée de Cluny, à Paris, conserve la tombe de Noël Baudinot, prieur de ce collège, où il fut inhumé en 1579.

La famille possédait les fiefs de Chateauvert, Selore, la Brosse, Puthières, L'Espinace, Pouilly, Champ Jacob, le Breuil, la Salle, Villorbaine et se divisa en plusieurs branches. Isaac, seigneur de Selore, est gendarme de la Compagnie des chevau-légers du Roi en 1621 (Arch. dép. B, 583). Benoît Palamède, seigneur de Selore, conseiller au

Parlement de Dijon, commande le château de Paray en 1654 (Arch. dép. B, 608). Jean, avocat au Parlement, juge civil et criminel à Paray, était époux de Jeanne Motin de Corcelles en 1640 (Arch. dép. B. 34, 39). Etiennette Claudine, fille de Jean-Marie Baudinot de Montgiraud, bailli et juge de La Clayette épousa en 1781 Claude François Marie Bouthier, procureur du roi au bailliage de Semur-en-Brionnais (Arch. dép. B, 1458).

Guillaume, époux de Marie Joleaud, était lieutenant particulier et premier conseiller au bailliage de Charollais en 1691. Etienne Palamède, son fils, avocat, conseiller des Etats du Charolais, maire perpétuel de Charolles en 1727 eut douze enfants de Catherine de Gouvenain. Bernigue Palamède. son fils, fut père de quinze enfants.

Louis Archambaud Palamède, lieutenant général au bailliage, mourut en 1788. Etienne Marie Palamède, son fils 1757-1832), avocat, procureur-syndic et agent national du district de Charolles de 1790 à 1795, imprimeur du district en l'an II, fut maire de Charolles de 1803 à 1815. Claude Fortuné Palamède, son fils (1783-1854) époux de Joséphine de Royer de St-Micaud, donna 1.200 francs pour la reconstruction de l'hôpital.

Etienne Palamède (1797-1890) neveu du procureur-syndic, donnait au mois d'octobre 1880 la somme de 44.400 francs pour contribuer à l'embellissement de sa ville natale. Acceptant avec reconnaissance cette donation, la municipalité redressait en les élargissant les ruelles étroites et tortueuses des Quatre Marmouins et des Fours et créait la rue qui recevait le nom du bienfaiteur.

La famille Baudinot était alliée aux Bérard, Bouillet, Malard, Margot, Pézerat, Motlin de Corcelles, Joleaud, de Gouvenain, Billet de Villars, Bertucat, Geoffroy, Aubery, Chavet. Avec Benoît, époux de Marie Billet de Villars, une branche prit au milieu du XVIII° siècle le nom de Baudinot de Villorbaine qu'elle porte encore.

***

En face des Halles, dans la rue Baudinot, se dresse le

bâtiment qui fut avant la Révolution le couvent des religieuses de Sainte-Claire, ou Urbanistes. Un écusson, dont les armes ont été martelées, surmonte l'escalier de l'entrée en spirale ; des fenêtres à menaux éclairent le premier étage ; au deuxième étage subsistent intactes quelques cellules de religieuses. Au fond de la cour une large fenêtre gothique passe pour avoir appartenu à la chapelle du couvent.

Les religieuses Clarisses furent fondées par la famille Dagonneau ; aux termes de leur contrat d'établissement reçu Debresse, notaire à Charolles, le 17 mai 1632, elles s'engageaient à enseigner aux jeunes filles « la crainte de Dieu, son service et le catéchisme, à lire, à écrire et la couture. » Leur première supérieure fut Marguerite de Florimond. En 1644, un procès-verbal constatait la présence au couvent de 21 religieuses professes, 4 novices, une tourière, un père confesseur de l'Ordre de Saint-François, un serviteur et une servante. (Arch. dép. B. 598).

D'après la tradition, sainte Marguerite-Marie Alacoque, née le 22 juillet 1647 au hameau de Lhautecourt, en la paroisse de Verosvres, fut pensionnaire chez les Clarisses et fit sa première communion en leur chapelle. Une de ses nièces, Jacqueline Alacoque, fille de Jean Chrysostôme, conseiller du roi, maire perpétuel de Bois-Sainte-Marie, fut admise à la profession religieuse en ce couvent le 29 janvier 1703 en présence des sœurs Marguerite Dagonneau, supérieure, Anne de Dreuille de Villebarest vicaire, Hylaire de Molleron, Anne Chevalier, Bénigne Despinay, Claude de Saint-Julien, Philiberte Saulnier, Marie Anne de Juy, Dubost, Ayme, Grosboys, Deboissier et autres religieuses.

Quelques années plus tard, prétendant que les sœurs ne se conformaient plus aux conditions du contrat d'établissement, les habitants de la ville tentaient de leur interdire l'enlèvement dans la forêt de Charolles du bois nécessaire au chauffage de la maison.

Au début de la Révolution, les religieuses Urbanistes, au nombre de vingt et une, étaient : Françoise Saulnier de la

Noue, Claudine Désir, Marie Margot, Eléonore Marie Montel de Bussy aînée, Marie Montel de Bussy cadette, Catherine Laizon aînée, Henriette Marguerite Laison cadette, Anne de Rymon, Marie Cuzin, Antoinette Lamure, Claudine Chavet aînée, Anne Chavet cadette, Etienne Bouillet, Marguerite Degouvenain, Lucrèce Barlerin, sœur tourière ; Marie Delorme, Marie Buy et Jeanne-Marie Page, sœurs laies. Elles avaient pour supérieure Madeleine Félicité Guinet de Villorbenne, originaire de St-Yan.

Le 9 mai 1791 elles déclaraient à la Municipalité que « dans la vue de faciliter les établissements à faire en cette ville et instruites que l'on pensait à cet effet demander leur maison, elles se proposeraient de quitter la vie commune et qu'elles la la quitteraient effectivement au 1ᵉʳ juillet prochain. » Quelques jours plus tard, revenant sur leur décision, elles faisaient connaître leur intention de continuer la vie commune, mais le 15 septembre suivant, sous l'influence de leur aumônier, le moine Georgerat, ancien gardien du couvent du Tiers-Ordre au faubourg de la Madeleine, elles prêtaient le serment « d'être fidèles à la nation, de maintenir la liberté et l'égalité, de mourir en les défendant » et quittaient la maison conventuelle.

La Nation leur avait accordé une pension de 445 livres. Dans la suite, la plupart d'entre elles rétractèrent les divers serments prêtés pour assurer le pain de leurs vieux jours ; suspectée d'incivisme et de fanatisme, leur Supérieure fut, pendant la Terreur, enfermée en la maison Laneuville.

**

En exécution des lettres patentes du roi en 1789, les religieuses de Sainte-Claire donnèrent, le 29 décembre suivant, la déclaration des biens et revenus dépendant de leur couvent. Ces biens comprenaient :

1° Le couvent, composé du logement des religieuses et des pensionnaires, église, parterre, cour, logement du confesseur attenant, parterre le joignant, trois logements loués à des particuliers et deux caves, le tout de la contenance de deux mesures de semence pesant chacune 36 livres en grains. L'un des logements avec boutique était loué 90 livres à Jandeau ferblantier.

2º Deux jardins hors du clos, un autre appelé « Versailles, le long de la Semence, le tout d'une contenance de deux mesures de semence.

3º Petit terrain inculte, joignant la rivière la Semence, où sont placés les coffres à poissons pour l'usage de la maison, d'une contenance de un quart de coupe de semence, pesant 9 livres.

4º Le domaine de Garaudaine, aux portes de Charolles, avec bâtiment, cour, jardins, écuries à bœufs et à moutons, grenier, grange et four, de la contenance de une mesure, le pré de la Levée, de 10 chars de foin pesant 1.500 livres chacun, deux pâquiers de 20 mesures de semence, une terre de 32 bichetées (la bichetée composée de 4 mesures).

5º Le domaine derrière le Château, de la même contenance que le précédent.

Ces deux domaines garnis d'un capital de bestiaux d'une valeur de 2360 livres étaient loués ensemble au prix de 1800 livres.

6º Le domaine de St-Symphorien-les-Charolles, composé de prés d'une contenance de 13 chars de foin, de 16 mesures de pâquiers, de 108 mesures de terres et de la Brosse de la Manche, d'une étendue de 9 mesures, garni d'un capital de bestiaux de 1320 livres, loué 1.060 livres.

7º Le domaine de Toujard, à Ozolles, comprenant un pré de 15 chars de foin, 2 pâquiers de 18 mesures, une terre de 110 mesures, le bois des Tielles de 10 mesures, celui de Comblard de 10 mesures et la Brosse de Toujarnaux de 32 mesures, garni de bestiaux d'une valeur de 1200 livres, et loué 760 livres.

8º Divers contrats produisant 4311 livres, 8 sols de rentes, et quelques cens loués à des particuliers.

Le montant des revenus s'élevait à 8.271 livres, 8 sols.

Les charges annuelles comprenaient :

Entretien de l'église, ornements, sacristie, luminaire,
évalué . . . .   600 livres.

Réparations aux bâtiments   800   »

Logement, nourriture en santé et maladie,
honoraires, chauffage et blanchissage du directeur spirituel   800   »

Honoraire du médecin   72   »

Frais et honoraires de l'apoticaire et du
chirurgien   240   »

Décimes (impositions). 76.14

Cens, corvées, servis et droits seigneuriaux.   80   »

Gages, logement, nourriture et blanchissage
du domestique.   400   »

Gages des gardes des bois   24   »

Charges des hommes vivants et mourants,
dus tant au roi pour les domaines de Charolles,
qu'aux dames de la Bénissons-Dieu pour celui
de Toujard.   50   »

Vingtièmes retenus sur divers contrats . .   50   »

Charges de ville, réparations aux cures et
églises de Charolles, St-Symphorien et Ozolles   30   » .

Total des charges . . . . .   3.222 l. 14 s.

Les domaines de Charolles et St-Symphorien, [soumission-
nés par la municipalité, furent adjugés en 1791 à Gilbert
Bernigaud de Chardonnay, engagiste du Château de Charolles ; celui de Toujard fut morcelé et vendu au détail.

Après avoir servi de halle aux grains, de corps de garde,
de salle de réunion pour la Société Populaire, l'administration cantonale, et les fêtes décadaires, le couvent des Clarisses
fut adjugé le 21 thermidor IV au prix de 18.900 livres à
Cl.-M.-F. Trémeaud, homme de loi, acquéreur tant en son
nom que comme fondé de pouvoirs de Louis Pain, François
Benoît et Claude Geoffroy. Quelques années plus tard, il était
transformé en théâtre municipal.

**

Face au couvent, dans la rue des Fours, le four banal

occupait l'emplacement actuel des Halles. En 1686, il était
amodié à Noël Delangle pour le prix de 144 livres. Les
habitants de la ville se plaignaient en 1732 du fermier
« lequel par impéritie et malice ne fait point cuire à propos
les pains, les laiss. trois et quatre heures et plus auprès
desdits fours sans les vouloir enfourner, les jette par terre ou
dans la cendre, les met en pièces, accable- d'injures ceux ou
celles qui veulent lui faire justes remontrances et les menace
de les maltraiter. » Arch. dép. B. 672.

*
* *

Avant 1880, une ruelle étroite portant le nom de rue des
Quatre Marmoins continuait la rue des Fours et reliait celle
des Halles à la place de l'Eglise. Elle devait son nom aux
quatre figures grossièrement sculptées dans la pierre et
actuellement encastrées aux angles des rues Gambetta, Puits-
des-Ravauds et des Halles.

Dans cette rue, l'immeuble masqué par un magasin couvert en terrasse passe pour avoir été l'hôtel de la famille
Joleaud, portant d'azur au chevron d'or accompagné en pointe
d'un croissant d'argent, au chef de gueules chargé de trois
étoiles d'argent.

François Joleaud, époux de Marie Dagonneau, était lieutenant criminel au bailliage de Charolles en 1670. Son fils,
avocat à la Cour, bailli du Comté Palatinal de Dyo en 1732,
épousa Hélène Monnier de Lessard. Archambaud Thomas, fils
du précédent fut lieutenant général au bailliage. Jacques François son fils aîné, gendarme de la garde du roi, membre du
directoire du district de Charolles en 1791, membre du
directoire du département en 1792, procureur général syndic
en 1793, fut envoyé en mission aux armées de Strasbourg en
frimaire II. Louis Archambaud fils puîné (1760-1822) avocat,
fut maire de sa ville natale en 1795 et détenu comme suspect.
Leur sœur avait épousé Nicolas Montel de Lagneau, écuyer,
seigneur de Marchizeuil.

Jacques François, fils du procureur général syndic et de
Françoise Laizon, parti comme volontaire aux armées de

la Révolution à l'âge de seize ans, capitaine au 23ᵉ régiment de dragons, mourut de nostalgie à l'hôpital de Milan le 7 octobre 1812.

Une autre branche de la même famille s'était établie à Charolles vers le milieu du XVIIIᵉ siècle avec Jean-Louis Joleaud de St-Maurice, cornette au régiment de St-Aignan-cavalerie, marié en 1741 à Catherine Quarré de Verneuil. Deux filles épousèrent Jean Bouthier de Rochefort, avocat au Parlement à Semur-en-Brionnais, et François Marie Villedey, avocat du roi à Charolles.

(*A suivre*).

J. RONDET.

Un séjour de soldats à Verosvres en 1531

Au cours du XVᵉ siècle, des compétitions relatives à certains droits de justice et juridiction avaient divisé profondément les possesseurs du château du Terreau, à Verosvres et les sieurs de Mazilles, seigneurs de Villars, Vaubresson et Cloudeau, sur Montmelard et Ozolles. A la faveur de ces querelles, Nazaire et Antoine de Mazilles ayant assassiné en 1527 noble homme Pierre Le Roux, fils aîné de la dame du Terreau, une sentence du bailli du Mâconnais enjoignit aux meurtriers de payer cent livres afin de faire prier Dieu pour le repos de l'âme de leur victime et conféra à sa famille la possession de divers héritages situés en la paroisse de Verosvres.

Cette décision de justice ne fit qu'envenimer la haine des meurtriers. Une troupe de cinquante cavaliers passant dans la région, les 19 et 20 décembre 1531, Antoine de Mazilles envoya loger ces hommes d'armes en la paroisse de Verosvres « lesquels, à son instance firent plusieurs grands maux, baptures, vyolences, pilleries, ransonnements et larcins, combien que par les ordonnances royaulx soit prohibé et défendu » et dont information fut faite au mois de février suivant. Un demi-siècle plus tard, l'inimitié n'était pas encore apaisée et le sieur de Mazilles accusait de lâcheté le seigneur du Terreau pour n'avoir pas tenté de résister à l'amiral de Coligny qui, après avoir incendié et ravagé La Clayette, Bois-Ste-Marie et Beaubery, s'était présenté devant le château du Terreau le 18 juin 1570 à la tête de 2.000 cavaliers.

* *

Pierre Bonin, homme de labeur, habitant du lieu de Verovre dit et dépose par ses foy et serment donnés aux saints Evangiles de Dieu, que le mardy avant St-Thomas, vinrent loger en sa maison des gens d'armes dont il y avait huit hommes, une femme et huit chevaulx, lesquels se disaient être de la bande de M. Saint-André, et se nommait le maistre des chevaulx, la Bernadière.

Dict et dépose que les vallets allèrent à la vigne et pré de M. du Terrault, déboschèrent la vigne qui était boschée de palis, lesquels ils apportèrent au feu du déposant jusqu'à la valeur d'une charrette chargée dont ils firent grand feu et le tout faisaient en dépit du sieur du Terreault, comme ils disaient, et prirent grant quantité de polles, lesquelles étaient au sieur du Terreault, puisque ledit déposant est son grangier. Et quant ceulx de la maison disaient : « Laissez ces polles car elles sont à M. du Terreault, nostre maistre », lesdicts gens d'armes disaient que s'ils avaient toutes celles du Terreault qu'ils les mangeraient aussi bien que celles de leurs hostes et qu'ils n'avaient que faire de M. ni de Madame du Terreault, jurant et regniant Dieu.

Adonc, ledict qui parle voyant la fureur desdits gens d'armes alla à la maison d'un sien voisin pour emporter quelque chose nécessaire pour la nourriture desdits gens d'armes où illec viendrent le trouver trois des gens d'armes, lesquels lui prirent les bras et les luy lièrent derrière le dos et le menèrent baptant à grands coups de baston jusqu'à sa maison......Ils luy attachèrent les bras derrière le dos vers la colonne de sa maison, et puis faisaient du feu sous ses pieds, tellement qu'ils le brulèrent et gastèrent ses pieds, puis prirent des cloux, jurant et regniant Dieu qu'ils lui coudraient les oreilles à ladicte colonne et ils cherchaient un marteau pour cogner lesdits cloux, tenant l'oreille et les cloux à la main.

Mais à cette heure arriva le curé dudict Verovre, lequel leur dit : « Messieurs, c'est un pauvre homme qui n'a rien, vous le pouriez tuer que vous n'auriez pas un liard de luy. » Adone, ils cessèrent de lui attacher les oreilles à ladicte colonne .... Et se pourvurent lecdicts gens d'armes à soupper et après qu'ils eurent souppé ils le délièrent en luy disant : « Mène-nous vers votre mayre. » Adone, il mena à la maison d'un nomé Claude Auduc, au lieu d'Eschamps ..

Jehanne, femme Jehan Bonin, dit « qu'elle ne vit oncques faire telle vie à gens de guerre ny à gens d'armes, dit qu'ils étaient les plus grands jureurs et regnieurs de Dieu qu'elle ait jamais vus. »

Perronnet des Boys logea quatre hommes « jurant et blasphémant le nom de Dieu, la chair, la mort et le ventre Dieu.... » Son père alla à la vigne quérir des pesseaux par le commandement d'un des gens d'armes « lequel prinst un pau de vigne duquel il le bastit à grands coups jusqu'à la maison. Par les grands coups que ledict gendarme lui baillait, ledict pauvre homme tomba par terre troys ou quatre foys, et quand il fut dans la maison, ledict gens d'armes tira son espéc par grande fureur et de rechef le bastit à grands coups d'espée tellement qu'il en a été malade longuement et est encore pour ce qu'il est âgé d'environ 80 ans....

Chez Loys Boys grangier, les soldats pillèrent la maison, battirent tous les habitants frappèrent aussy une petite asgée de huit à douze ans d'un coup de javeline, tant qu'il lui fendirent la teste..... c'estait chose horrible à voir la vie qu'ils faisaient. »

Après avoir frappé Philibert Desbois à grands coups d'épée et de bâton, « ils lui mangèrent huit polles et de vin en beurent 8 pots de roge et 12 pots de blanc et mangèrent 24 pains blancs et deux gros pains et demy qu'ils baillèrent à leurs chiens, et pour les chevaulx deux mesures d'avoine et une d'orge, de foin et de paille ils luy en firent grand outrage et de plus luy mangèrent quatre pièces de chair de bœuf. »

Estienne de la Roche, du lieu de Lautecourt logeant le fourrier avec deux chevaux et le trompette, fut contraint d'aller au Bois-Ste-Marie, distant de deux lieues, quérir du vin clairet à deux sols la pinte et du pain blanc. N'ayant pu procurer du poisson pour le lendemain, qui était jour de vigile, le fourrier lui dit : « Par la mort de Dieu je te gouvernerai bien. » Lors, le prist et luy lia les mains, puis luy mist les genoux sur les bras et ung baston par dessous les bras et les jarrets et le faisait rooller en la maison avec le pied, et puis le bailla en garde à ses vallets leur disant qu'il leur couperait les jarrets s'ils le laisaient perdre. . » Après dîner, il vint infliger le même supplice à Benoît Chevalier « et en le faisant rooller la corde rompit et il prinst le baston qu'il avait sous les jarrets et lui en donna par la teste jusqu'à le sang en sortit. Adone vint un gens d'armes et luy donna d'un poignard à la gorge. »

Les femmes d'Etienne de la Roche et de Benoît Bernard furent pendues « à la corniche de la maison, les bras lyés derrière le dos à la renverce et les tinrent comme l'on fait à la manière d'estrapade et les y fit demeurer environ demy heure ou plus ; les bras levés faisaient grosse douleur, tellement leur rompirent, et si possible eust esté racheter celle peyne ils l'eussent rachetée de tous leurs biens. »

J. Rondet.

Chapeau et Bonnet

Les fêtes de la Victoire terminées, Claudine rentrait de la capitale.

Elle traversa la sous-préfecture d'un pas rapide, entourée de boîtes et de paquets, puis elle prit le chemin de la ferme tranquille qui étale ses quatre immenses bâtiments au bord de la route sur une crête dominant les embouches vertes au bas de laquelle se déroule la poétique Arconce.

A la grille, elle s'arrêta un instant sous le gros châtaignier. Une brise fraîche et saine soufflait dans le soir, venant des forêts lointaines qui se drapaient dans les brumes violettes.

Elle entra dans « la maison ». Tout son monde était à table. Les embrassades terminées, elle défit une à une ses boîtes enrubannées. Dans l'une, c'était une belle pipe de « La Civette » pour son vieux. Dans l'autre des gants pour sa mère, un briquet pour le valet, et pour des amies, des cartes postales sous verre représentant l'Arc de Triomphe, Clémenceau, le maréchal Foch.

Puis fatiguée de son voyage et des courses longues et répétées à travers Paris, elle gagna sa chambre.

Avec quelques bibelots, quelques objets plus ou moins criards parmi lesquels une toilette laquée blanc et un grand lit à bateau en chêne, une vieille armoire en noyer à pointes de diamant et hautes tiges de fer forgé, en était le principal et plus bel ornement. De père en fils on l'avait toujours vue là, c'est dire si elle venait de loin.

Claudine se dévêtit et rangea dans le rayon du haut, sous

la corniche, le chapeau flambant neuf qu'elle rapportait des Galeries Lafayette. Au-dessus des draps, de la lingerie des tiroirs renfermant des meubles et des bijoux, il eut comme compagnon un ancien bonnet des grand'mères d'autrefois qu'on conservait là comme une relique.

De son temps c'était une riche et coquette coiffure avec son tuyauté de Valenciennes, son fond en broderie, ses larges brides en ruban noir avec fleurs à ramages !

Et le pauvre petit se sentit tout honteux quand la paille bruissante et les gazes multicolores du nouvel arrivant le frôlèrent dans l'obscurité.

Claudine s'endormit.

Un silence sans pareil planait sur les campagnes d'alentour, sur la cour, sur les étables. La lune versait ses bleus sur la route, sur la cîme des arbres, sur la façade de la maison, sur les pentes des toits, comme si tant de majesté les effrayait, les bœufs dormaient ensemble le long des haies.

Une chouette traversa la nuit de son vol lourd, le chien tira sur sa chaîne, puis ce fut à nouveau le calme dans toute sa majestueuse grandeur.

La jeune fille rêvait au spectacle incomparable des journées qu'elle venait de vivre.

*
* *

Au sommet de l'armoire, le chapeau neuf s'impatientait. S'approchant du vieux bonnet, il lui dit tout bas :

« Vous êtes ici depuis longtemps ? »

— « Depuis des siècles.... »

J'arrive et je meurs d'ennui. Dans quel pays sommes-nous ? Pourquoi diable cette demoiselle est-elle venue me ravir à l'étalage ? J'étais à Paris dans un grand magasin. Je voyais beaucoup de monde. J'entendais mille bruits du matin au soir. Des toilettes merveilleuses s'arrêtaient pour me contempler. Des femmes, des jeunes filles me lançaient des regards d'envie. J'assistais au défilé ininterrompu des fiacres, des autos, des trams, des ouvriers, des midinettes!... Ah ! comme je regrette tout cela, à peine arrivé ici ! Quelles distractions vais-je avoir ? Comment avez-vous pu vieillir ainsi, dans un tel lieu, mon cher bonnet ? »

— « Je suis vieux, bien vieux. On m'a relégué en souvenir du bon temps de jadis. Il me faut le calme et la sérénité, mais si vous saviez la belle jeunesse que j'ai eue autrefois ! Tous les dimanches j'accompagnais ma maîtresse à l'office, les galants nous admiraient le long des clairs chemins, où il passait beaucoup de monde en ce temps-là. Après la messe, nous rentrions à la ferme, et l'après-midi on dansait dans la cour, sous les grands arbres. Il n'en reste plus qu'un, mais celui-là sait toutes nos vieilles chansons, car on était gai, on chantait beaucoup. Certains soirs, quand la brise soufflera, vous l'écouterez, toutes ses feuilles répètent nos anciennes bourrées, nos gais « chibrelis » et ses branches s'agitent comme les couples d'antan. Tout ici semble regretter les bonnes années d'autrefois. Les saisons se faisaient en leur temps, les greniers pliaient sous les tas de blé, les champs étaient pleins de valets et les sillons de ritournelles. On gagnait moins qu'aujourd'hui, mais on était moins difficile. Les toilettes étaient simples et les filles se mariaient toutes. On s'aimait dans les villages, chacun était plein de prévenance pour son voisin, on se prêtait assistance pendant les grands travaux. Ah ! si vous saviez quelles bonnes veillées nous passions l'hiver devant la haute cheminée. Quelquefois, on nous invitait au château, le maître était bon pour nous. De temps en temps, j'allais aux foires et aux marchés conduire les troupeaux ou porter des volailles. Mais un jour on a parlé de progrès, de révolution ; on a dit que tous ceux que nous aimions étaient nos ennemis, que, comme les grandes dames nous avions le droit de porter des chapeaux fleuris et de changer nos sabots contre des souliers. Alors, les coiffes blanches ont eu honte de se montrer aux assemblées. Elles se sont réfugiées au fond des armoires. Du rayon où l'on m'installa, j'ai compris combien toutes ces choses qu'on nous vantait tant, étaient vides de sens. Certes, on vit mieux à présent que de mon temps, mais on se portait beaucoup mieux alors, personne ne se plaignait de son sort, tandis qu'à présent.... »

« C'est vrai, sous des dehors bruyants et pompeux, le peuple est maussade, égoïste. Il n'y a plus de différence entre le riche et le pauvre, ce dernier gagne de l'argent mais dépense sans compter, n'a jamais le sou devant lui, et au moindre appel de gens sans aveu, il crie contre le patron et se met en grève. J'aurais voulu connaître le bon temps d'autrefois ».

— « Vous aussi ? C'est tant curieux.... Alors, tout le monde voudrait revenir en arrière ?.... Je suis bien vieux, mais avec quelle joie je reverrais mes anciens maîtres, avec quel bonheur je partirais brides au vent, le long de nos chemins, à l'ombre des grands chênes ! ... »

« Et Claudine que ferait-elle ? »

Elle nous suivrait, j'en suis sûr, avec un bonnet comme le mien, et vous verriez comme elle serait gentille, la petite ! »

*
* *

Minuit sonna au donjon d'un lointain château. Déshabitué du bruit, le chapeau eût un grand frisson. Un peu remis de son émotion, il se tourna vers son ami.

« Si c'est pour son bonheur, je veux être ce bonnet. Elle est trop jolie, ma petite maîtresse, pour n'être pas heureuse. »

Dans le silence de la nuit, l'armoire s'emplit du plus doux murmure. Les gazes roses s'échappaient des flots de rubans qui les retenaient prisonnières, les coutures se défaisaient une à une, les fleurs s'étalaient sur le rayon comme elles tombent sans qu'elles soient fanées.

Au milieu de ces froufroutements, le bonnet s'exclama :

« Il faut que je me rajeunisse pour partager le bonheur de mes vingt ans ! »

Et comme une aïeule très douce qui s'amuserait de dentelles et de fleurs, il prit les falbalas qui s'alignaient devant lui et des gazes roses il recouvrit son fond, il piqua les touffes de bluets à la naissance des brides, parmi les liens de rubans.

Puis, il se dressa tout riant devant la forme nue du chapeau des Galeries Lafayette.

Tremblant sur ses montures de laiton et sa paille qui crissait, ce dernier eut encore la force de griffonner :

« A la petite fée qui est venue me ravir au grand Paris... en prévision de ma fin prochaine... je lègue ce beau bonnet dans lequel tous mes rêves, toutes mes illusions d'hier ont disparu et dans lequel survit un passé que je ne connais pas mais que je devine bien supérieur à son présent. Pour son bonheur, il faudra qu'elle le porte et qu'elle le garde toujours comme ses bonnes vieilles grand'mères, qu'elle soit heureuse la chère enfant et qu'elle ne s'inquiète pas de moi. Voici une souris qui passe.... qu'elle fasse ripaille avec mes maigres dépouilles ! »

.

Et comme le moderne chapeau se mourait l'aurore blanchissait la cîme des collines voisines et la petite Claudine, de la ferme tranquille, s'éveillait dans les blancheurs de son lit, sans se douter du drame qui s'était déroulé près d'elle, dans sa chambrette, au sommet de sa vieille armoire...

Antoine Rigaud.

Le Gérant : J. RONDET.

Charolles, imprimerie de l' « Echo du Charollais », Rue Gambetta
Labrosse et Burtin.

La Revue du Charolais

REVUE D'HISTOIRE REGIONALE

(Charolais, Brionnais et Bourbonnais)

PUBLICATION MENSUELLE

CHAPITRE IV

Le Charolais réuni à la Couronne
(1761-1790)
et formation de l'arrondissement de Charolles

Après sa réunion à la Couronne, l'histoire du Charolais se confond avec celle de la France pendant les trente années qui précèdent la Révolution. Les anciens privilèges du Comté disparaissent dans la centralisation administrative réalisée par le pouvoir royal absolu ; l'Intendant de Bourgogne est pour la province l'agent de ce pouvoir absolu. Les Etats particuliers du Charolais avaient été réunis aux Etats de Bourgogne dès 1751 ; composés de députés nommés par la noblesse, le clergé et le Tiers, ils réglaient et répartissaient les impôts du pays. Depuis 1646, leur siège avait été fixé à Charolles ; les cinq prieurs de la Madeleine de Charolles, Paray, Bragny, Perrecy, Drompvent y entraient de droit, ainsi que les curés de Charolles, Vendenesse, Viry et Martigny-le-Comte.

L'édit royal du 13 septembre 1774 proclama la liberté du commerce des grains. « Il y avait alors en France, écrit Michelet, un misérable prisonnier, le blé, qu'on forçait de pourrir au lieu même ou il était né. Chaque pays tenait son blé captif. Les greniers de la Beauce pouvaient crever de grains, on ne les ouvrait pas aux voisins affamés. Chaque province, séparée des autres, était comme un sépulcre pour la culture découragée. Le vin étant de même enfermé à vil prix, au dessous des frais de culture, on avait intérêt à arracher la vigne, on criait là-dessus depuis cent ans. Recemment, on avait tenté d'abattre ces barrières, mais le peuple ignorant des localités y tenait. Plus la production semblait faible, plus le peuple avait peur de voir partir son blé. Ces paniques faisaient des émeutes.

Turgot entrant au ministère........ écrit l'admirable ordonnance de septembre, noble, claire, éloquente. C'est la Marseillaise du blé. Donnée précisément la veille des semailles elle disait à peu près : semez, vous êtes sûrs de vendre ; désormais vous vendrez ; désormais vous vendrez partout. Mot magique dont la terre frémit. La charrue prit l'essor et les bœufs semblaient réveillés. »

En Charolais, l'édit proclamant la liberté du commerce des grains ne fut pas accueilli avec le même enthousiasme ; des perquisitions furent faites dans les greniers et l'intervention de la justice fut nécessaire pour obliger les cultivateurs à conduire leurs grains au marché.

Une profonde transformation s'était opérée dans les esprits. La bourgeoisie, enrichie par le commerce au cours du XVIII⁰ siècle avait lu Monstesquieu, Voltaire et Rousseau. Elle formait la partie la plus influente du Tiers, et en lui accordant une double représentation aux Etats Généraux de 1789, le Roi sonnait le glas de la monarchie. En Charolais, comme dans toute la France, le mouvement qui devait aboutir à la Révolution fut dirigé par les legistes.

Au mois de février 1789, chaque paroisse du Charolais rédigeait le cahier de ses vœux et doléances, désignait ses délégués pour le porter au siège du baillage et procéder à l'élection des députés aux Etats Généraux.

Les trois ordres s'assemblèrent à Charolles le 20 mars suivant. La noblesse, présidée par Jean-Baptiste-Marie Bernard de Montessus, comte de Balorre, comptait 62 membres présents ou représentés et désigna à l'effet de rédiger ses cahiers de vœux et doléances MM. Malard, de Sermaize, Malard, Ribaillier, de Paray-le-Monial, et du Mouchet, de Ciry-le-Noble.

Langeron, curé primicier de Charolles, présidait l'ordre du Clergé dont les cahiers furent mis en ordre par Jean-Baptiste Rey de Morande, sacristain de l'Eglise collégiale Saint-Nizier, de Charolles, de la Gorce de Villeneuve, aumônier de l'Hôpital de Paray, Martinet, curé de Changy, archirpêtre de Charolles et Petitjean, curé de Mont-Saint-Vincent.

Le Tiers-Etat se réunit en l'église du Couvent du Tiers-Ordre, au quartier de la Madeleine, sous la présidence de Pierre Aubery, conseiller du roi, lieutenant particulier civil et assesseur criminel au baillage, faisant fonctions de lieutenant général, attendu la vacance de la fonction. 81 paroisses et 6614 feux étaient représentés. Les délégués désignés pour la rédaction des cahiers furent : Claude Fricaud, avocat à Charolles, Claude-Jean-Baptiste Geoffroy, avocat aux Dravers, à Champvent (La Guiche), François Monnier de Boisfranc, bourgeois à Croze (Saint-Bonnet-de-Joux), Edme-Gilbert Girardet, notaire à Paray, François Baudinot, avocat à Paray, Louis Michel, avocat à Gueugnon, Jean-Marie Gelin, notaire à Charolles, Antoine de Beaumont, bourgeois à Mornay, François-Marie Villedey, avocat du Roi à Charolles, Claude-Philippe Saclier de Giverdey, avocat à Toulon-sur-Arroux, Antoine Febvre, commissaire en droits seigneuriaux à Mont-Saint-Vincent, Edme Duchesne, notaire à Digoin.

Les 26 et 27 mars, les trois ordres procédaient aux élections de leurs députés. Celui de la Noblesse fut Benjamin-Eléonor-Louis Frottier, marquis de la Coste, ministre plénipotentiaire près la principauté des Deux-Ponts, et possesseur de la Terre de Digoine ; il avait pour suppléant Etienne Maynaud de Lavaux, officier de dragons, à Paray-le-Monial.

Les suffrages du Clergé se portèrent sur Adrien Baudinot, docteur en théologie, curé de Paray, qui mourut peu de jours après et fut remplacé par son suppléant, Sébastien Pocheron, curé de Champvent.

Claude Fricaud, avocat à Charolles, et Cl.-J.-B. Geoffroy, avocat à Champvent furent élus par le Tiers.

Les Etats Généraux s'ouvrirent à Versailles, le 5 mai 1789.

**

L'Assemblée Nationale se préoccupa de réformer la division territoriale, politique, administrative du royaume partagé en diocèses sous le rapport ecclésiastique, en gouvernements sous le rapport militaire, en généralités sous le rapport administratif, en baillages sous le rapport électoral et judiciaire. Elle supprima l'administration provinciale et par la loi du 22 décembre 1789 divisa uniformément la France en 83 départements, chaque département en districts et chaque district en cantons d'environ 4 lieues carrées. La répartition en cantons et communes fut faite le 27 mars 1790.

Le territoire actuel de l'arrondissement de Charolles comprit les districts de Charolles, Bourbon - Lancy et Marcigny (1).

District de Charolles :

Charolles et St-Symphorien-les-Charolles (2) : Charolles, Saint-Symphorien, Baron, Champlecy, Changy, Fontenay, Lugny, Marcilly, Vendenesse, Vaudebarrier, Viry.

Bois-Ste-Marie : Bois-Ste-Marie, Colombier, Gibles, Ouroux, Ozolles, St-Symphorien-des-Bois.

Digoin : Digoin, St-Germain-des-Rives, St-Yan, Varennes-Reuillon, Vigny-les-Paray.

Joncy : Joncy, Chevagny, Collonges, Cray (réunie à

___

(1) Ce district provisoirement placé à Semur fut fixé à Marcigny par décret du 15 juin 1790, après avis des électeurs du département. Semur obtint le Tribunal.

(2) Le canton de St-Symphorien fut réuni à celui de Charolles le 24 octobre 1795, et la commune de St-Symphorien annexée à Charolles en 1897.

(2) Les noms en caractères italiques indiquent les chefs-lieux de cantons.

St-Marcellin en 1861), St-Marcelin et St-Quentin, St-Martin-la-Patrouille.

La Guiche et Champvent : La Guiche, Le Rousset, Marizy, St-Martin-de-Salencey.

Martigny-le-Comte : Martigny, Balorre, Grandvaux, **Mornay**, Pouilloux, Villorbaine (réunie à Mornay en 1844).

Matour : Matour, Dompierre, Meulin, Montmelard, Trivy.

Mont-St-Vincent : Mont-Saint-Vincent, Gourdon, Marigny, Mary, St-Romain sous-Gourdon, St-Vallier.

Palinges : Palinges, Bragny, Fautrière (réunie à Palinges en 1823), Oudry, St-Aubin, St-Bonnet, St-Vincent-les-Bragny.

Paray : Paray, Busseuil, Clessy, Hautefond, Nochize, Poisson, St-Léger-les-Paray, Vitry, Volesvres.

Perrecy : Perrecy, Chassy, Ciry, Dompierre-sous-Sanvignes, Génelard et Marly.

St-Bonnet-de-Joux : St-Bonnet, Beaubery, Pressy et Chiddes, Suin (1), Verosvres.

St-Julien-de-Civry : St-Julien, Amanzé, Dyo, Prizy, St-Germain-des-Bois.

Toulon-sur-Arroux : Toulon, Rozières (réunie à Toulon en 1806), Sanvignes, Saint-Romain-sous-Versigny, Vendenesse-sur-Arroux.

District de Bourbon-Lancy :

Bourbon-Lancy : Bourbon, Mont, Chalmoux, Lesmes, Maltat.

Cronat : Cronat, Trézy (réunie à Cronat en 1844), Vitry.

Gilly : Gilly, Aupont et Fontête (réunies à Gilly en 1820), Perrigny, St-Aubin.

Gueugnon : Gueugnon, Curdin, La Chapelle-au-Mans, Neuvy, Uxeau.

Issy-l'Evêque : Issy, Cuzy, Grury, Cressy, Marly, Chassigny, Ste-Radegonde.

La Motte-St-Jean : La Motte-St-Jean, Morillon, St-Agnan (2), Riguy.

---

(1) Sivignon, érigée en commune en 1864 (distraite de Suin).

(2) Les Guerreaux, érigée en commune en 1869 (distraite de St-Agnan).

District de Marcigny :

Marcigny et *Baugy* (1) : Marcigny, Baugy, Bourg-le-Comte, Céron, Chambilly, St-Martin-du-Lac.

Chateauneuf : Chateauneuf, Ligny et St-Rigaud, St-Martin-de-Lixy, St-Maurice, Vauban.

Chauffailles : Chauffailles, Coublanc, Mussy (2), Tancon, St-Igny.

Mailly : Mailly, Fleury, Jonzy (réunie à St-Julien en 1860), St-Bonnet-de-Cray, St-Julien-de-Cray, Iguerande.

La Clayette : La Clayette, Baudemont, Chassigny, Curbigny, La Chapelle, St-Laurent, St-Racho (3), Varennes-sous-Dun.

Artaix : Artaix, Melay, Chenay et l Hôpital, Vivant.

Montceaux : Montceaux, l'Hôpital-le-Mercier, Versaugues, Vindecy.

St-Christophe : St-Christophe, Oyé, St-Didier, Vareilles, Varennes.

Semur-en-*Brionnais* et *Anzy* (4) : Semur et Montmegin, St-Martin-la-Vallée (réunie à Semur en 1825), Anzy, Briant, Ste-Foy, Sarry.

*
* *

La composition et l'étendue des districts passionnait l'opinion et soulevait de nombreuses et vives compétitions. Dès le mois d'août 1789, Charolles s'assurait l'adhésion des communes qui formèrent les cantons de Bois-Ste-Marie, Matour et St-Julien-de-Civry et appartenaient précedemment au baillage de Mâcon. A l'Assemblée Nationale, M. Fricaud et le marquis de la Coste soutenaient avec énergie et vigilance auprès du Comité de Constitution les intérêts de Charolles et par de longues lettres faisaient part de leurs craintes, de leurs espérances ou des succès remportés. Le comte de Lévis,

---

(1) Le canton de Baugy fut réuni à celui de Marcigny le 24 octobre 1793.

(2) Anglure-sous-Dun a été érigée en commune en 1869 et distraite de Mussy.

(3) Chatenay-sous-Dun a été érigée en commune en 1875 (distraite de Giblos et St-Racho).

(4) Le canton d'Anzy fut réuni à celui de Semur le 24 octobre 1793.

possesseur de la Terre de Lugny-les-Charolles et député de Dijon mettait son influence au service des ambitions de Charolles ; deux députés extraordinaires envoyés par la ville de Charolles, Jacques Joleaud et Gabriel Esselin rivalisaient d'efforts pour assurer à leur ville natale le siège d'un district très étendu.

« M. de la Methérie — député de La Clayette — s'est opposé avec une extrême chaleur à la réunion de La Clayette à Charolles, écrivait Joleaud. Les observations qu'on lui a faites pour lui démontrer que c'était l'intérêt de la cité n'ont pu le décider ; il est du district de Marcigny, il aurait même préféré Mâcon quoique beaucoup plus éloigné..... (1) ».

Le 18 janvier 1790, dans une lettre adressée à la municipalité de Charolles, Joleaud donnait les limites du district définitivement constitué : « La Loire ayant fait la limite de notre département au nord, nous avons abandonné au Bourbonnais les paroisses que nous avions au-delà et nous en avons été dédommagés par celles de St-Yan, St-Germain-des-Rives et Varennes-Reuillon que le Brionnais nous a cédé ainsi que la partie de Digoin qui leur appartenait. »

Après bien des contestations, nous avons été condamnés à céder à l'Autunois St-Berain et Blanzy pour le dédommager des paroisses qu'il abandonnait à Bourbon-Lancy dont les limites de notre côté sont fixées par l'Arroux. Autun, quoiqu'il enveloppe Montcenis et a le district le plus étendu ne réunit que 60 paroisses.

Nous avons cédé au Chalonnais 5 paroisses comme étant plus près de Chalon que nous, St-Eusèbe-du-Bois, St-Micaud, Savianges, Le Puley et Genouilly. Nos limites se terminent de ce côté à Marigny, Collonge et Joncy.

Nous nous sommes dédommagés sur le Mâconnais des paroisses que nous avons cédées à Autun et Chalon : nous avons acquis la partie de St-Martin-la-Patrouille qui leur appartenait, celles de Pressy-sous-Dondin et Chiddes, les

---

(1) Le député de La Clayette proposait Perrecy pour chef-lieu du district de Charolles.

paroisses entières de Cray, St-Marcelin, le Roussay, Cheva-gny, St-Martin-de-Salencey, Sivignon, Trivy, Meulin, Dompierre, Matour. Montmelard, Gibles, Colombier, Ouroux, Dyo, Le Bois-Ste-Marie, St-Symphorien-des-Bois, Amanzé, St-Germain-de-Dyo, Prizy et St-Julien-de-Civry. Toutes ces paroisses nous dédommagent et au-delà de celles que nous avons cédées et sont en partie dans un meilleur pays. Il ne nous a pas été possible de nous étendre davantage, j'insistai longtemps pour obtenir St-Huruge et surtout St-André-le-Désert qui défigure notre arrondissement, mais M. le Comte du Montrevel se fâcha en disant que bientôt il faudrait nous céder Mâcon si on nous écoutait ; nous fûmes obligés d'y renoncer. Nous ne pouvions nous étendre sur le Brionnais ; leur district était déjà trop petit..... »

* *

Charolles était chef-lieu du district. Quelques jour plus tard, l'lAssemblée Nationale s'occupant de l'organisation judiciaire, la ville de Paray sollicita avec grande insistance le Tribunal.

Le député Fricaud veillait aux intérêts de sa ville natale ; secondé par Langeron, curé primicier, et Marc-Antoine Baudot (1) venus le rejoindre à Paris, il obtenait pour Charolles cet etablissement et le 23 août 1790, annonçait l'heureuse nouvelle aux officiers municipaux... « Nous avons obtenu un succès complet contre les prétentions de Paray et de La Clayette. Jouissons de la satisfaction que doit nous causer cet avantage en écartant avec soin tout ce qui pourrait la troubler.

Nous avons laissé au chef de votre municipalité (2) l'honorable prérogative d'être le premier à vous apprendre la fin heureuse de cette affaire, mais je ne lui ai pas dissimulé que je vous préviendrai d'empêcher qu'on aille à Paray au devant de lui et d'y faire des rodomontades qui au lieu de calmer nos voisins, ne sont propres qu'à les aigrir et fomenter des discussions durable. Il faut jouir glorieusement de sa victoire

---

(1) Médecin à Charolles, plus tard député à la Convention.
(2) Langeron, curé primicier et maire.

et s'attirer la confiance et l'amitié d'une peuplade qui doit désormais venir solliciter chez nous la justice souveraine et celle de ses intérêts fiscaux. »

Devant les prétentions rivales des villes de Chalon, de Mâcon et d'Autun, le chef-lieu du département n'avait pas été fixé par l'Assemblée Nationale. Les électeurs devaient se réunir à Mâcon à l'effet de nommer les membres de l'Assemblée départementale et se retirer ensuite dans le chef-lieu de l'un des districts autres que ceux de Chalon et de Mâcon pour procéder à cette fixation. Au nombre de 658 les électeurs de Saône-et-Loire se réunirent à Mâcon du 22 avril au 1ᵉʳ mai 1790 pour élire les corps administratifs. Le 3 mai ils se rendirent à Charolles et le 5, réunis au couvent des Pères au nombre de 622 votants, procédèrent aprés de violentes discussions à un premier tour de scrutin qui donna 317 suffrages à la ville de Chalon, 197 à celle de Mâcon, 60 à celle de Charolles, 47 à celle d'Autun et 1 à celle de Tonrnus.

L'assemblée se sépara sans trancher la question, mais Charolles renonça définitivement à ses prétentions maintes fois manifestées de devenir le chef-lieu du département.

La constitution de l'an III (22 août 1795) supprima les districts et organisa l'administration cantonale. Celle de l'an VIII suivie du décret du 28 pluviose (17 février 1800) créa les arrondissements et sous-préfectures. Charolles devint le chef-lieu du 2ᵉ arrondissement de Saône-et-Loire ; l'année suivante, par l'arrêté du 17 frimaire an X (8 décembre 1801) les circonscriptions cantonnales furent modifiées et réduites.

En 1852, un projet de M de Persigny, ministre de l'Intérieur suscita dans la contrée une vive émotion : l'arrondissement de Charolles devait être détaché de Saône-et-Loire et incorporé au département de La Loire dont Roanne devenait le chef-lieu. Le gouvernement impérial recula devant l'opposition soulevée par ce projet de démembrement.

J. RONDET.

A travers Charolles

V. L'ancienne église St-Nizier et son Chapitre.

L'ancienne église collégiale de Charolles, érigée sous le vocable de St-Nizier et dont la construction paraissait remonter au XIIᵉ siècle, s'élevait sur l'emplacement de l'église actuelle, mais était orientée de l'est à l'ouest ; son vaisseau, fort modeste, ne présentait rien de remarquable ni dans le style ni dans les ornements. Une tour carrée, surmontée d'une flèche formait le clocher ; abattu pendant la révolution, ce clocher s'érigea plus tard en forme de dôme. Aux murs de cette église s'adossaient deux boutiques louées à des particuliers au profit de la Fabrique. Un cimetière l'entourait ; au mois de juin 1709, le nombre des décès causés par le froid et la faim nécessita un nouvel emplacement de sépultures qui fut établi au faubourg de la Madeleine (1), « de la longueur de 18 toises sur 13 de large, tenant de matin et bise au jardin de François Dagonneau et celui dépendant de la cure qui est au bas de ladite terre, petite muraille entre deux, de midi au chemin tendant dudit faubourg au... de Jean Gérard et de soir à la terre des héritiers de Pierre Bouquerat. Arch. Charolles B B 2.

Jusqu'au milieu du XVIIIᵉ siècle, les familles notables de la ville étaient inhumées à l'intérieur de l'église. Chaque année, le premier dimanche de janvier, les habitants assemblés au son de la cloche élisaient quatre marguilliers pour former le conseil de Fabrique. En 1755, l'adjudicataire des octrois de Charolles payait les gages annuels qui suivent, au personnel chargé de l'entretien de la collégiale : 10 livres au portier du Chœur, 13 livres au marguillier pour « avoir

----

(1) Entre la rivière la Semence, la rue de la Planche au nord-est, et la rue de La Condemine.

sonné l'adoration et araigné l'église », 3 livres au marguillier pour « avoir sonné les sermons du carême », 17 livres, 10 sols à l'artiste chargé d'assurer la bonne marche de l'horloge placée au clocher. Le prédicateur du carême recevait chaque année 100 livres.

**

En 1789, le Chœur, la nef, la chapelle de la sainte Vierge et celle sous le clocher étaient nouvellement réparées. Six autres chapelles s'ouvraient sur les deux côtés de la nef.

« Ces chapelles appartiennent à des patrons laïcs ou des familles comme il paraît par ancienne jouissance. On néglige d'y faire les réparations nécéssaires et surtout en trois ou quatre où il pleut beaucoup, ce qui fait qu'on ne peut presque pas rester en temps de pluie et surtout en hiver où les vitres cassées donnent beaucoup de froidure.

Néanmoins l'enceinte de cette église étant très petite, on est contraint de se retirer dans les chapelles pendant les offices. Il serait très à désirer qu'on oblige les patrons de ces chapelles à en produire les titres et dans tous les cas qu'elles apartiennent à l'église et au public.

Il serait très intéressant aussi de joindre à l'enceinte de l'église un petit cimetière contigu du côté du midi, qui est vacant et inutile et où on formera une chapelle au moyen d'un simple appentis qui serait assez vaste et contiendrait bon nombre de paroissiens en les délivrant des injures de l'air qu'ils essuyent forcément dans les solennités, l'église ne pouvant contenir tous les paroissiens.

Cette église sert aux offices du chapitre qui y a été établi. Sa Fabrique n'a que deux à trois cents livres de revenus provenant presque entièrement des rentes d'un grand nombre de bancs qui en couvrent la surface... » (Arch. P).

Le 15 mai 1793 la municipalité arrêtait que la couronne du clocher ne pouvant se détruire, serait enveloppée d'un globe en fer blanc peint aux trois couleurs nationales. Le 12 décembre suivant, des commissaires étaient désignés à l'effet de visiter les « souterrains et caveaux » de l'église et enlever pour l'artillerie les fers et plombs « que l'orgueil et l'aristocratie y avaient accumulé. » Ces recherches ne donnèrent aucun résultat.

Quatre jours plus tard, à l'Assemblée municipale, un de ses membres prenait la parole : « Citoyens, nous nous sommes empressés d'exécuter un arrêté du département de S.-et-L. et un arrêté du directoire du district, du 28 ventose qui a ordonné l'enlèvement de tous signes extérieurs du culte ; nous l'eussions sans doute prévenu si nous étions moins habitués à suivre le bon exemple qu'à le donner.

Cependant, la crainte d'exposer des ouvriers à périr par la riguéur des frimas nous a fait tolérer au milieu de cette commune, républicaine même sous le gouvernement despotique, le signe principal de la vanité des prêtres, une flèche gigantesque surmontée de croix, de couronne et de l'orgueilleux précurseur de la lâcheté de Pierre, alliés à un globe revêtu des couleurs nationales. Profitons des beaux jours que la saison nous laisse pour faire disparaître ce contraste choquant et anéantir les traces de l'erreur de nos ancêtres et de la domination sacerdotale.... » (Reg. de la Municipalité).

Un devis fut dressé pour établir dans l'église des halles avec salle d'assemblée, grenier et caves. Elle devint le Temple de la Raison et le 2 mai 1794 on inscrivit sur son frontispice : Le peuple français reconnaît l'Etre suprême et l'immortalité de l'âme. La place qui l'entourait avait pris le nom de Place de la Vérité.

Les habits sacerdotaux et ornements furent dispersés aux enchères le 9 octobre 1794 pour une somme totale de 1316 livres, 10 sols.

L'exercice du culte, disparu pendant la Terreur, se rétablit quand l'orage fut passé. Le 22 février 1796, 256 habitants de la ville, appartenant à toutes les classes de la société, déclaraient à l'administration cantonnale, « qu'en conformité de la loi du 7 vendémiaire, ils entendent professer le culte catholique sans l'entremise d'aucun ministre quant à présent, avec soumission de se conformer à la loi précitée, et nommer le citoyen Philibert Goyard, l'un d'eux, auquel seront remises les clefs de l'édifice national, ci-devant église de Charolles, à charge de les représenter aux heures qui seront indiquées si d'autres citoyens voulaient exercer un autre culte, encore à la charge de représenter les effets existants dans ledit édifice appartenant à la République et ce, à toute réquisition et d'après l'état sommaire qui en sera dressé... » (Reg. de la Municip.).

Au mois d'août suivant, Nicolas Flandin, de Mâcon, soumissionnait l'église, mais l'administration cantonnale s'opposa à cette aliénation. « Elle sert à l'exercice des cultes et notamment celui du culte catholique d'après les déclarations faites conformément à la loi par plusieurs citoyens et citoyennes de Charolles sans l'entremise d'aucun prêtre. L'aliénation des autres bâtiments nationaux rend au surplus cet édifice inaliénable en ce qu'il se trouve le seul où les citoyens puissent être convoqués et réunis soit en assemblées primaires de canton, soit en assemblées décadaires. D'ailleurs, le seul horloge public existant à Charolles ainsi que la cloche s'y trouvent placés et il n'y aurait pas possibilité de l'établir ailleurs. » (N. Biens nat.).

Le Concordat rendit définitevement l'église à l'usage du culte. Diverses restaurations furent succéssivement exécutées. En 1828, la Tour du clocher fut élevée de quatre mètres et surmontée d'un dôme couvert en ardoises ; ces travaux, dirigés par Claude Berthier, architecte à Charolles, coutèrent 7042 fr. 04.

En 1855, furent décidés la construction d'une nouvelle église et l'aménagement de la Place ; le terrain nécessaire fut acquis de MM. François Villedey, J.-M. Mielle et du comte de Carmoy. L'église, dont le chevet regarde le sud, est de style roman et à trois nefs ; une flèche élancée à huit pans surmoute les trois étages du clocher. Les travaux en furent exécutés de 1863 à 1868 sous la direction de M. Berthier, l'architecte de l'église Saint Pierre de Mâcon et s'élevèrent à

184.126 fr. 51 couverts par la ville, la Fabrique, les subventions de l'Etat et les souscriptions particulières.

A proximité de l'ancienne église, près du bief du moulin, s'élevait la Tour de la Poterne que fit disparaître l'aménagement de la Place.

* *

L'église collégiale de St-Nizier était desservie par un Chapitre dont la fondation est attribuée à Jean de la Magdeleine, successivement grand prieur, abbé et vicaire général de l'Ordre de Cluny. La note suivante, inscrite aux registres de catholicité donne la date de cette fondation : « Jean Delacroix était curé de l'église St-Nizier en février 1460. Guillaume Jugy en était curé en 1529, temps de la fondation du Chapitre, suivant les titres de la fondation. De Malarrat en fut curé au même temps et succéda à Jugy ensuite de sa démission en 1529 ; il commença à recevoir les deux titres de curé et primicier du Chapitre et fut le premier primicier. » (G. G. 4).

Ce Chapitre se composait de douze membres : un primicier, un sacristain et dix chanoines. Tous devaient être enfants de Charolles et chacun d'eux recevait une rente annuelle de 40 livres pour vivre à son aise, *ut laute opipare vivant*, dit le fondateur. Le curé-primicier entrait aux Etats du Charolais et sa nomination appartenait au prieur de la Madeleine, de Charolles.

Hugues Dagonneau, curé d'Ozolles, archiprêtre de Bois-Ste-Marie, est primicier de la collégiale en 1589, Pierre Debresse en 1614, Nicclas Lallemagne en 1616, Philibert Bordet en 1642, Gabriel de la Souche, écuyer, en 1669, François Desseignes, bachelier en théologie en 1675, Jean-Baptiste Saulnier en 1707, Charles Quarré, docteur en théologie, de 1736 à 1768, Claude-Marie Langeron, de 1768 à 1793.

A l'époque de la Révolution, le Chapitre était réduit à trois membres : le curé Langeron, Louis Rey de Morande, directeur du collège de Charolles et Jean-Baptiste-Augustin Rey de Morande, sacristain, chantre et receveur du Chapitre, précédemment curé de Joncy et prieur de saint Blaise en la ville de Cluny.

Ses revenus consistaient en :

Les dîmes de Verosvres ou Chevannes, amodiées	1451 livres
Les dîmes de Quierre et Beaubery, amodiées. .	318 »
Une rente sur le Trésor Royal, de	100 »
Un terrier amodié.	30 »
Une rente due par la Chambre des décimes d'Autun, de	120 »
Les honoraires des fondations faites dans l'église et évaluées.	700 »
Au total	1451 livres

Le bénéfice cure n'avait ni fonds ni rentes. Le titulaire jouissait seulement de la maison curiale (1) consistant en trois chambres, une cuisine. un cabinet, petite cour, cave et cellier, de la contenance d'une demie mesure. Le prieur commendataire de la Madeleine lui servait une portion congrue de 700 livres, et la ville de Charolles lui payait 24 livres par an pour l'indemniser de ses charges comprenant notamment l'entretien et la fourniture des cordes pour les cloches de l'église. Le casuel était évalué à 150 livres par an.

Le Chapitre fut supprimé en 1790. J.-B. Rey mourut le 16 mars de l'année suivante ; après avoir prêté le serment constitutionnel, Louis Rey fut nommé le 3 avril 1791 par les électeurs à la cure de Bragny-en-Charolais d'où il passa à celle de Dyo. S'étant retracté en 1795, il fut condamné à la déportation, embarqué sur la corvette « La Vaillante », tomba au pouvoir des Anglais et ne revit la France qu'en 1802.

Né à Ciry-le-Noble en 1740, orgueilleux, autoritaire et violent, le primicier Langeron avait embrassé avec ardeur les idées nouvelles. Les électeurs de Charolles le désignèrent pour maire de leur ville en 1790. Le 6 février 1791, à l'issue de la messe paroissiale, il prêtait le serment de veiller avec soin sur les fidèles de la paroisse, d'être fidèle à la nation, à

---

(1) Le presbytère actuel. Construit en 1778, il fut vendu le 2 novembre 1797, 2970 francs à M. J.-M. Buffenoir, aubergiste, et racheté par la municipalité le 1er août 1804 au prix de 7300 francs, payables sur le produit des octrois.

la loi et au roi, de maintenir de tout son pouvoir la Constitution décrétée par l'Assemblée Nationale et acceptée par le roi.

Le 14 novembre 1793, 59 citoyens de la ville demandaient à la municipalité de convoquer les habitants pour « délibérer s'il n'est pas à propros de congédier le ministre du culte catholique. » Le lendemain, Langeron se présentait à la réunion de la Société Populaire. « Langeron, ministre du culte, intolérant a demandé la parole. Après l'avoir obtenue, il a déclaré qu'il abjurait ses erreurs de la prêtrise, qu'il n'en exerçait plus les fonctions et qu'en conséquence, il donnait sa démission de curé et qu'incessamment il enverrait son vœu à la municipalité. »

L'année suivante, il se retirait dans son pays natal et en 1802 le divorce mettait fin à sa vie conjugale. Il mourut en 1820, réconcilié avec l'Eglise.

Le premier curé nommé à Charolles après la Révolution fut M. Girard (1802-1816).

(*A suivre*). J. RONDET.

Le Gérant : J. RONDET.

Charolles, imprimerie de l' « Echo du Charollais », Rue Gambetta
Labrosse et Burtin.

La Revue du Charolais

REVUE D'HISTOIRE REGIONALE

(Charolais, Brionnais et Bourbonnais)

PUBLICATION MENSUELLE

L'Hôpital de Charolles et ses bienfaiteurs aux XVIIe et XVIIIe siècles

I. Fondation de l'Hôpital

Fondé à Charolles au XIVe siècle par les comtes de Charolais, l'hôpital St-Agnès ne fut d'abord qu'un asile de nuit pour les pauvres passants. Il s'élevait sur les bords de l'Arconce, dans la partie basse de la ville, à l'ombre des tours du château féodal (1).

En 1519, Marguerite d'Autriche, comtesse de Charolais, nommait Jean Verson (2) administrateur « de l'Hôtel-hôpital et Maison-Dieu par nos prédécesseurs fondé en notre ville de Charolles, aux charges y ordonnées et accoutumées, même de pourvoir et avoir l'œil et regard que les pauvres membres de Dieu y soient reçus, pansés, alimentés convenablement, les édifices, ustensiles et autres choses d'iceluy hôpital et maison-Dieu fournis et entretenus, et les fondations des

______

(1) Grande-Rue (ancienne rue Champagny), emplacement de l'hôtel du Commerce et de la Place de la Grenette.

(2) Noble Jean Verson, de Charolles, épousa en 1529 Marguerite, fille de Jean de Chamilly, seigneur de Pommier, a Vendenesse-les-Charolles (Courtépée). Il remplaçait Antoine de Saint-Anthost et eut pour successeur en 1530 Simon Thomasset, prêtre de Mont-St-Vincent.

messes et autres divins services y fondés, continués selon l'intention et ordonnances de nosdits prédécesseurs et faire au demeurant bien, dûment et réellement toutes et singulières les choses que à bon et féal maître, gouverneur et administrateur des susdites compétent et appartiennent (1). »

Le samedi, dernier jour de mars 1519, l'administrateur était installé dans ses fonctions par Nicolas de St-Anthost, juge et lieutenant-général au bailliage du Charolais, et le 5 avril suivant, jour du Jeudi saint, en présence d'honorable personne Jean de Charolles, bourgeois du lieu, et de noble homme Gabriel de Cutigny, il prêtait serment « sur les saints Evangiles de Dieu, de bien et honnêtement gouverner ledit hôtel et maison Dieu, ensemble les fruits, profits, revenus et émoluments. »

L'édifice tombait en ruines au début du XVII° siècle. Claude de la Madeleine de Ragny, évêque d'Autun, et de famille Charolaise, en entreprit la restauration. Etienne Dagonneau et Marguerite Rosselin son épouse, font construire vers 1620 une salle de 60 pieds de longueur sur 15 pieds de largeur. Leurs libéralités permettent, en outre, de distribuer pour la nuit un peu de paille aux pauvres passants.

En 1686, l'hôpital St-Agnès ne possédait que 90 livres de rente. Le premier dimanche de janvier de cette même année, les habitants de la ville étant assemblés au son de la cloche et à la manière accoutumée, le maire et les échevins font appel à leur générosité en faveur de l'établissement. La communauté délibère que l'hospice des pauvres passants sera l'hôpital des pauvres malades ; trois jeunes filles Jacqueline Désautels fille du lieutenant particulier au bailliage, Nicole de Lucenay et Claudine Pain, filles de deux avocats en Parlement, s'offrent à servir gratuitement les malades.

Se parant glorieusement de l'humble titre de servantes des pauvres, elles choisissent pour directeur spirituel le 19 juin

---

(1) Arch. Hôp. A.

1688, J.-B. Saulnier, chanoine en l'église collégiale St-Nizier de Charolles, et le même jour désignent leurs « officières » Nicole de Lucenay devint supérieure, Jacqueline Desauteis assistante et Claudine Pain, économe. Quelques mois plus tard, une 4ᵉ sœur, Catherine Saulnier appartenant elle aussi à la bourgeoisie de la ville, venait partager la vie des servantes des pauvres.

Gabrielle de la Roquette, évêque d'Autun, approuvait le règlement de l'hôpital le 23 juillet 1691, et par lettres du 6 avril 1693, Henri-Jules de Bourbon, prince de Condé, gouverneur de Bourgogne et comte du Charolais en nommait les administrateurs.

« Ayant permis à sœurs Nicole de Lucenay, Jacqueline Desautels, Claudine Pain et Catherine Saulnier de s'établir en communauté de filles séculières pour servir les pauvres dans l'hôpital de notre ville de Charolles, et étant nécessaire de nommer des personnes de piété, d'expérience et de probité reconnue pour régir les biens, domaines et revenus dudit hôpital et les employer aux secours et soulagement des pauvres et à l'entretien dudit hôpital, nous avons cru ne pouvoir faire un meilleur choix que des personnes de..... Saulnier, chanoine et prévôt de Sussey en l'église cathédrale d'Autun, du sieur Duhautoy notre bailli et du sieur Grandjean, notre procureur général fiscal au bailliage.

A l'effet de quoi, nous les avons par ces présentes nommé pour directeurs dudit hôpital avec deux notables bourgeois dudit Charolles qui seront par nous choisis dans un nombre de six que lesdits trois premiers directeurs nous présenteront de deux ans en deux ans. –

Lesquels cinq directeurs s'assembleront une fois la semaine pour délibérer et résoudre entre eux à la pluralité des voix tout ce qui sera par eux jugé nécessaire pour l'avantage et le bien dudit hôpital.

Lesquels cinq directeurs auront deux registres, l'un de leurs délibérations, l'autre de l'emploi des biens et revenus dudit hôpital pour nous en rendre compte toutes fois et quand il nous plaira.

Leur donnant en outre, pouvoir de nommer un prêtre pour desservir ledit hôpital et le destituer quand il le jugeront à propros.

Mandons à notre bailli et à nos officiers du baillage de notre Comté du Charolais de faire enregistrer les présentes et de tenir la main à leur exécution, car telle est notre intention. »

Par lettres patentes données à Versailles au mois de juillet 1693 et enregistrées au Parlement de Dijon le 25 mai 1699, le roi Louis XIV agréait et confirmait l'établissement ;

« Louis par la grâce de Dieu, roi de France et de Navare, à tous présents et advenir, salut.

Nos chères et bien aimées Nicole de Lucenay, Jacqueline Desautels, Claudine Pain et Catherine Saulnier, sœurs hospitalières, nous ont très humblement fait remontrer que s'étant décidées au service de Dieu et à celui des pauvres, elles se seraient assemblées dans l'hôpital St-Agnès de notre ville de Charolles dès l'année 1686, lequel était pour lors en si mauvais état que les pauvres de ladite ville n'en tiraient aucun secours et que les services qu'elles y ont rendu depuis ce temps-là à été d'une si grande utilité qu'il a présentement huit lits garnis dans lesquels les pauvres malades sont soulagés, nourris et médicamentés par les hospitalières, lesquelles rendent compte aux directeurs de ladide maison de tout ce qu'ils leur mettent en main pour l'usage des pauvres malades auxquels elles donnent leurs soius nuits et jours gratuitement, sans être à charge audit hôpital, vivant de leurs patrimoines et des pensions qu'elles tirent de leurs famille,

Et que, comme elles désireraient s'y établir en forme de communauté séculière et y perpétuer leur société à la gloire dé Dieu et au soulagement continuel des pauvres et qu'elles n'y peuvent faire cet établissement sans notre permission et celle de notre très chèr et très aimé cousin le prince de Condé, prince de notre sang, pair de France et comte du Charolais, attendu qne ledit hôpital est d'ancienne fondation et celle de ses prédécesseurs comtes de Charolais et que la nomination des recteur, gouverneur et chapelain lui appartient à cause dudit Comté, elles se seraient adressées à notre dit cousin pour leur accorder ladite permission et confirmation de leur établssement, pour raison de quoi, il leur aurait donné ses lettres du 6 avril dernier.

Et elles nous ont très humblement supplié de leur en vouloir accorder qui leur permettent et confirment cet établissement et le rendent entièrement solide.

A ces causes et autres à ce nous mouvant et désirant concourir aux pieuses intentions des suppliantes, nous avons agréé et approuvé, et par ces présentes signées de notre main agréons et approuvons l'établissement desdites filles dans ledit hôpital de St-Agnès de notre ville de Charolles pour y vivre ci-après en communauté séculière suivant les statuts appouvrés par notre amé et féal le sieur évèque d'Autun, leur diocésain, à condition que lesdites sœurs hospitalières ne pourront excéder le nombre de 6, à moins que par nous ou notre dit cousin ou successeur au comté, il ne soit jugé nécessaire d'y en avoir un plus grand nombre et à la charges qu'elles n'auront aucune part, portion ni administration quelconque dans les revenus et domaines dudit hôpital tant présents que futurs, lesquels ne pourront être divertis ni employés ailleurs qu'au profit dudit hôpital et au soulagement des pauvres malades y étant actuellement et que lesdites sœurs rendront compte aux directeurs de tout ce qui leur sera mis en mains pour l'usage et le service des pauvres, auxquels directeurs et à leurs successeurs qui seront nommés par notre dit cousin et ses successeurs, comtes du Charolais, nous permettons en tant que de besoin de continuer d'accepter pour ledit hôpital toutes donations, legs pieux soit entre vifs ou à cause de mort, par testaments ou tous autres actes, aumônes ou fondations qui pourraient être faites, acquerir, tenir, posséder toutes sortes de biens fonds, droits et héritages qui pourraient être donnés, transportés et délaissés audit hôpital.

Donnons en mandement à nos amés et féaux les gens tenant notre cour de Parlement et Chambre des comptes de Dijon, au bailli du comté de Charolais et autres officiers qu'il appartiendra de faire enregistrer ces présentes, et de leur contenu faire jouir et user lesdites suppliantes et celles qui leur succéderont, pleinement, paisiblement, et perpétuellement sans leur donner ni souffrir qu'il leur soit donné aucun trouble ni empêchement, car telle est notre plaisir.

Et afin que ce soit chose ferme et stable à toujours, nous avons fait mettre notre scel sur cesdites présentes.

Donné à Versailles au mois de juillet, l'an de grâce 1693 et de notre règne la 51°.

Signé : Louis.

Par décision du 22 avril 1737, enregistrée au Parlement de Dijon les 2 et 9 décembre suivant, Louis XV confirme l'établissement de Charolles et l'érige en « hopital général dans lequel seront reçus tous pauvres malades des lieux voisins et autres endroits de Bourgogne, et soldats qui passent en la ville. » Il lui accorde l'exemption des droits d'amortissement et les privilèges dont jouissent les autres hôpitaux du royaume, et veut que le bureau de direction soit composé et les biens régis et administrés suivant le réglement porté en la déclaration du 12 décembre 1699.

II. Ses Bienfaiteurs

En se consacrant au service des malades, les trois premières hospitalières donnaient à l'établissement une grande partie de leur biens. A leur exemple, de nombreux bienfaiteurs, par testaments, legs ou fondations, accroissent le patrimoine des pauvres. La famille Dagonneau jette à larges mains d'abondantes aumônes ; les Saulnier, les Pain, les Quarré, les Desautels, les Malteste, les Pézerat comblent de bienfaits l'hôpital St-Agnès ; les dames de Lugny, de Digoine, de Moileron, de Moulin la Cour fondent des lits pour les malades de leurs terres; d'humbles femmes du peuple apportent l'obole du pauvre.

Parmi ceux qui se penchèrent sur la misère et la souffrance, beaucoup sont inconnus. Ils ne recherchaient ni la reconnaissance ni les hommages de la postérité ; leur aumône était sœur de la prière, et leur suprême ambition était de dormir le dernier sommeil sous la voûte de la Chapelle, auprès des pauvres qu'ils avaient aimé.

L'aumône apportée pieusement par leurs mains permettait l'agrandissement de l'Hôtel-Dieu et constituait aux pauvres des domaines et des rentes.

La grande salle, construite en 1620 par Etienne Dagonneau pour les « pauvres passants » n'était plus assez spacieuse pour les « pauvres malades. » Le 9 juin 1686 l'Hôpital achetait de Jean Vincent, notaire au Comté et de Philiberte Blanc, sa femme, au prix de 1.100 livres et 55 livres d'étrennes, une maison contiguë à ses bâtiments et qui fut payée des deniers donnés par Jacqueline Désautels.

En 1690, Jean Godin, manouvrier, et Claudine Charcosset, Claude Garnier, sergent, et Françoise Godin lui vendaient une autre maison contiguë, de la valeur de 600 livres.

Cette même année, Jean Dubost, apoticaire faisait don de son « apoticairerie ».

Claude Saulnier, chanoine d'Autun, prévôt de Sussey, administrateur de l'hôpital, décédait en 1696 laissant, entre autres dispositions testamentaires, 8.000 livres dont moitié était destinées à la construction d'un bâtiment...

Le testament d'Antoine Dagonneau de Marcilly permettait en 1769, d'ouvrir une nouvelle salle dans une maison contiguë appartenant au donateur.

Nicole de Lucenay, première supérieure, donnait en 1710 son domaine de la Perrière, aux portes de la ville, et cédait en 1729, au prix de 2.400 livres, sa métairie de Villaine, en la paroisse de Changy.

Le 15 février 1714, Jacques Chevalier, seigneur de Montrouan, à Gibles, vendait pour 850 livres aux directeurs de l'Hôtel-Dieu « acquérant pour les pauvres dudit Hôtel-Dieu, de l'avis des notables habitants de la ville, assembl s et convoqués au son de la cloche » les deux domaines de Pretin, sur Charolles et Changy avec toutes leurs dépendances, sans réserves, suivant que son père les avait acquis par décret, l'un sur les héritiers de M⁰ Jean Motin, aux requêtes du Palais de Dijon en 1686, et l'autre au bailliage du Charolais sur le sieur Dagonneau, lieutenant de la maréchaussée du pays, à l'exception toutefois du tiers de la Brosse de Gaule qu'il entendait joindre à son domaine des Garnauds, et du droit de prendre pour une fois et pendant trois mois seulement, dans la carrière de la Brosse de Malessard, la pierre nécessaire aux réparations de ce domaine des Garnauds.

Un don de 10.000 livres par Claudine Pain, sœur fondatrice, payait le domaine de Vendenesse, acquis le 14 avril 1731, au prix de 9.995 livres, ensuite d'un décret poursuivi au bailliage de Charolles sur les biens de Catherine Gondrad, veuve de Pierre de la Souche, seigneur de Crary, à Ozolles.

Le 18 décembre 1731, le testament de François Dagonneau, archidiacre de Beaune, laissait aux pauvres la somme de 8.000 à 9 000 lires, pour acheter un fonds ou domaine de ce prix, avec défense de la placer « à cours de rente ».

Claude Dagonneau de Terzé, donnait en 1737 ses deux domaines de Montot, en la paroisse de Vaudebarrier : son neveu et héritier, Antoine Dagonneau de Marcilly, ancien archidiacre de Beaune, complétait ce don. en léguant aux pauvres le 12 janvier 1755 la réserve de Montot. —

Le tableau qui suit, présente dans l'ordre chronologique les bienfaiteurs de l'hôpital pour la période des XVII⁰ et

XVIII° siècles ; nous les retrouverons plus loin et avec plus de détails.

Etienne Dagonneau et Marguerite Roiselin, en 1620.

Claude de la Madeleine de Ragny, évêque d'Autun, 1620.

Benoît Bouillon et Toussaine Taboulot, 27 janvier 1654.

Jacqueline Desautels, sœur fondatrice, 17 sept. 1687-3 juillet 1689.

Denise Berthelon, 8 avril 1689.

Jean Dubost, apoticaire à Charolles, 1690.

Jean Pain et Françoise Saulnier, de Marcilly-la-Gueurce, 25 juin 1695.

Claude Saulnier, chanoine d'Autun, 25 mars 1696.

Nicole de Lucenay, sœur fondatrice, 27 nov. 1698.

Louis de Lucenay, son frère, 18 nov. 1710.

Thomas de Lucenay, curé de Marcilly, leur oncle. Marie Chavot, de Vendenesse, 16 juillet 1699.

Nicolas Belle, de Charolles, 23 septembre 1705.

Claudine Bataille, veuve Du Bech, sœur hospitalière, 15 septembre 1707-25 septembre 1710.

François Desseigne, primicier de l'église de Charolles, 5 novembre 1704-3 mai 1707.

Etienne Dagonneau, de Marcilly, 17 mai 1708.

Jean de Malteste, curé d'Arnay-le-Duc, 3 septembre 1708.

L'abbé Joseph d'Amanzé, 21 octobre 1717.

François Dagonneau de Marcilly, archidiacre, 18 déc. 1731.

Anne-Marie Dagonneau de Marcilly, dame de Millières, 3 sept. 1732.

Claude Fommerand, curé de Marcilly-la G., 28 mars 1726-19 mai 1735.

Marc-Antoine de Lévis, comte de Lugny, 19 nov. 1733.

Philibert Pezerat, de Charolles, 17 décembre 1733.

Jacqueline Desautels du Verger, de Charolles, 15 juin 1735.

Jeanne Petronille de Priezac, dame de Molleron, 10 nov. 1735.

Françoise de la Cour, dame de Moulin-la-Cour, 18 juin 1736.

Etiennette Melin, veuve Aimé Molard, de Charolles, 30 avril 1737.

Claude Dagonneau, de Terzé, 10 octobre 1737.

Louis Quarré, procureur du roi, à Charolles, 12 juillet 1749.

Jacques Pevrin de Cypierre, 28 juillet 1743.

Jeanne de Lucenay, sœur hospitalière, 5 déc. 1743.

Joseph Pain, de Marcilly, 10 sept. 1752-24 mars 1757.

Veuve Pallot, de Charolles, 25 juin 1756.

Charles Quarré, primicier de Charolles, 2 juin 1767.

Antoine Dagonneau de Marcilly, 12 janvier 1755-16 déc. 1769.

Marguerite Monnier, veuve Pezerat, de Charolles, 18 juin 1771.

Catherine-Françoise Dagonneau de Marcilly, veuve de Macholles, 29 mai 1774.

Pierrette Dufour, de Martigny-le-Comte, 1er mai 1776.

René Boileau, curé de St-Symphorien-les-Charolles, 29 décembre 1783.

Reclesne de Digoine, comtesse de la Coste, de Digoine, 11 février 1786.

François Grandjean, curé de Lugny-les-Charolles, 16 janvier 1786.

Claude Comte, curé de Mornay, 21 août 1787.

III. Fondation de l'aumônerie

Par son testament olographe à Dijon, du 3 septembre 1732, Marie Anne Etiennette Dagonneau de Marcilly, épouse de Barthélemy Millière, seigneur de la Chapelle-Villars et d'Aizercy élisait sépulture en l'église Notre-Dame de Dijon, au tombeau de son fils et après diverses libéralités envers ses domestiques, l'exécuteur testamentaire, le grand hôpital de Dijon et les pauvres honteux de cette ville, faisait le legs suivant :

« Je nomme et institue M. Dagonneau de Marcilly mon père, mon héritier particulier en la légitime qui de droit et de coutume peut et doit lui appartenir.

Je nomme et institue mes héritiers universels par égale portion, M. Antoine Dagonneau de Marcilly, archidiacre de l'église collégiale N.-D. de Beaune, mon frère, et demoiselle Catherine Françoise Dagonneau de Marcilly ma sœur, les substituant réciproquement l'un à l'autre tant vulgairement que fidei commissairement, et à eux les enfants de madite sœur, au cas qu'elle en ait.

Et, au cas qu'elle vînt à décéder sans enfants je lègue après le décès de mesdits héritiers la somme de 14.000 livres à l'hôpital de la ville de Charolles, pour fonder à perpétuité un prêtre résidant audit hôpital pour fournir aux pauvres les secours spirituels dont ils ont besoin et qui dira, tous les jours à 9 heures, une messe audit hôpital, desquelles messes, trois par semaines seront célébrées pour le repos des âmes de mon père et de ma mère et de moi.

Pour la fondation duquel prêtre, je veux qu'il soit employé par année la somme de 400 livres, et le surplus des revenus de ladite somme sera employé pour le soulagement des pauvres malades.

Je donne et lègue, au même cas, à la paroisse de St-Nizier de Charolles la somme de 11.000 livres pour fonder à perpétuité un prêtre dans la même église, de même espèce que ceux qui la desservent actuellement et qui y fera les mêmes services, pour lequel il sera donné par année la somme de 400 livres. Outre quoi, il sera fondé une messe qui se dira tous les jours à 10 heures pour le repos de mon âme dans la chapelle où ma mère est enterrée et le surplus des revenus de ladite somme sera employé pour les réparations de ladite église.... »

Ce testament déposé aux minutes de Me Vaudemont, notaire royal à Dijon, fut publié en cette ville le 21 novembre 1733. Les héritiers universels survécurent de longues années à la testatrice et décédèrent à Charolles, l'archidiacre le

11 janvier 1774, et sa sœur la comtesse de Macholles le 30 mai suivant. Cette dernière ne laissant pas d'enfants, le testament put recevoir son exécution.

Mais, dès le 30 août 1735, en attendant l'éventualité du legs, le Conseil d'administration de l'hôpital avait, par la délibération qui suit, décidé l'établissement d'un aumônier :

« MM. les administrateurs des biens des pauvres de l'Hospice de Charolles, s'étant assemblés pour délibérer sur les moyens les plus utiles pour soutenir l'établissement dudit Hôpital ont reconnu que le plus sûr et plus convenable était de se conformer à tout ce qui se pratique dans la plupart des hôpitaux de la province ; -

Que la plus grande et principale attention des administrateurs était non seulement de pourvoir à ce que les malades fussent traités, nourris et entretenus comme ils doivent l'être pour tout ce qui regarde le temporel, mais encore qu'il était du devoir le plus indispensable de leur place de mettre non seulement les malades, mais encore les religieuses qui se sont dévouées à leur service, en état de ne manquer d'aucuns secours spirituels, ce qui néanmoins aurait été jusqu'à présent très difficile, faute d'avoir un prêtre uniquement destiné à dire la messe tous les jours dans ledit hôpital et à administrer les sacrements tant aux religieuses qu'aux malades ;

Et pour prévenir les inconvénients auxquels on a été exposé par le passé et auxquels on pourrait être exposé à l'avenir,

Il a été unanimement résolu et délibéré qu'il serait établi à perpétuité un aumônier pour confesser les malades et les religieuses, célébrer tous les jours audit hôpital la sainte messe et administrer les sacrements.

Et attendu que ledit hôpital a reçu de grands bienfaits de la famille de MM. Dagonneau de Marcilly, fondateurs dudit hôpital, en reçoit continuellement et espère encore en recevoir à l'avenir, il a été délibéré que pour en marquer la reconnaissance qui lui est due, le chapelain ou l'aumônier serait à perpétuité à la nomination de M. le conseiller

Dagonneau, seigneur de Marcilly, Bussy, Magny et autres places, et à son défaut de MM. ses enfants, et à leur défaut, par le plus proche parent ecclésiastique de sa famille portant ses armes et son nom, et à défaut de parents ecclésiastiques par le plus proche parent mâle de la famille, et à défaut par la Supérieure et l'Econome et la Sœur hospitalière, fondée par M. Etienne Dagonneau de Juchaud, trésorier de France, son aïeul.

Et pour assurer ledit établissement dudit chapelain, il a été résolu et délibéré qu'il serait logé dans la petite maison appartenant à l'hôpital, actuellement occupée par M. l'abbé Dagonneau de Terzé et qu'il occupera sa vie naturelle durant avec le petit jardin qui est contigu, à l'exception seulement d'une chambre qui demeurera réservée pour loger en cas de besoin, quelques parents des religieuses ou autres suivant les occasions.

Sera de plus, payée audit chapelain, çhaque année quartier par quartier, la somme de 300 livres pour sa subsistance, laquelle somme sera prise sur la rente au principal de 9.000 livres, due audit hôpital par la province de Bourgogne et en cas de remboursement dudit capital de 9.000 livres, la somme ci-dessus de 3oo livres, destinée pour le chapelain se prendra sur la rente du remploi dudit principal, qui y demeure affectée.

Au moyen de quoi, ledit chapelain sera tenu de faire toutes les fonctions ci-dessus exprimées et de célébrer la messe quotidienne à l'intention dudit sieur Dagonneau et de sa famille.

A Charolles, dans la chambre de l'Hôtel-Dieu où les sieurs Directeurs tiennent leur Bureau ordinaire le 3o août 1735.

Signé : Saulnier, primicier de Charolles ; Margot, Baudinot, A. Bodier, Dagoneau, Dagoneau prêtre.

Quelques jours après cette délibération, le 7 septembre

1735, le conseiller Etienne Dagonneau nommait aumônier, un ami de sa famille, Pierre Debresses (1), prêtre à Charolles.

« Homme simple, droit et craignant Dieu » le premier aumônier décéda le 25 avril 1757, après avoir exercé ces fonctions pendant vingt-deux ans et fut inhumé en la chapelle de l'Hôtel-Dieu.

Sa pierre tombale, conservée en la chapelle de l'Hôpital, porte l'inscription suivante :

« Hic Jacet

« P. Debresse, sacerdos, hujus nosocomü director, vir simplex, rectus ac timens Deum, Dⁿⁱ Dagonneau de Terzé, discipulus et amicus. Quomodo in vita dilexerunt se, ita et in morte non sunt séparati.

Obüt die 25ᵉ Augusti an 1757. »

Trois jours plus tard, Geneviève Alexis de Salins, veuve du conseiller Etienne Dagonneau, écrivait à sœur Gras, supérieure des dames hospitalières :

« Mesdames, l'on me remet la lettre que vous me faites l'honneur de m'écrire par laquelle vous m'apprenez la perte cruelle que vous venez de faire. Vous désirez que ce soit M. Sarcier ; je lui donne volontiers mon attache et je consens qu'il remplace M. de Bresse.

J'ai l'honneur d'être, Madame, votre très humble et très obéissante servante. »

De Salins de Marcilly.

Nicolas Sarcier, le nouvel aumônier, se plaignant de ne pouvoir mener une vie décente et conforme à son état avec un traitement de 300 livres « les denrées étant monté à un prix excessif », obtint un supplément de traitement de 100 livres, et après trois ans d'exercice résilia ses fonctions.

---

(1) Issu d'une ancienne famille de Charolles, fils de Nicolas, receveur des deniers royaux ; son frère Claude fut également receveur des deniers en 1696 et mourut le 23 juin 1730, écuyer, prévot des maréchaux de France.

Le 10 novembre 1760, l'archidiacre Antoine Dagonneau, en son nom personnel et au nom du comte de Bussy, son neveu, lui donnait pour successeur Jean-Baptiste Gros, prêtre originaire de Chalon-sur-Saône. Nous verrons plus loin, ce dernier refuser de prêter le serment exigé par la Constituante et prendre le chemin de l'exil.

IV. Les Religieuses Hospitalières

Les servantes des pauvres étaient au nombre de trois en 1686 ; leur nombre augmente à mesure que l'hôpital grandit. que ses revenus s'accroissent et que les malades viennent plus nombreux frapper à sa porte. Des places de sœurs sont fondées en 1704 par François Desseigne, primicier de l'église St-Nizier de Charolles, en 1707, par Marie Bataille, veuve du Bech qui meurt sous l'habit, en 1708 par Etienne Dagonneau, en 1717 par Joseph d'Amanzé, en 1740 par Françoise de St-Georges, dame de Lugny, en 1752 par Joseph Pain ; leur nomination était habituellement réservée aux familles des fondateurs.

Vivant en communauté, mais sans dépendre d'aucun ordre religieux, elles subvenaient à leurs besoins à l'aide de leurs patrimoines ou des revenus attachés à la fondation de leurs places ; l'administration leur fournissait le logement.

Des sœurs hospitalières qui se succédèrent au chevet des malades nous savons peu de détails. Comment redire au surplus, l'humilité de leur vie et leur dévouement de chaque jour ? A peine retrouve-t-on quelques noms aux registres de catholicité de la ville de Charolles, et aux actes des sépultures de l'hôpital. Le temps a dispersé leurs cendres et jeté sur leurs noms le linceul de l'oubli.

Nicole de Lucenay, la première supérieure, teste en 1734 ; Jacqueline Desautels et Claudine Pain, ses deux « officières », l'avaient précédé dans la tombe depuis de longues années.

Louise Raguet des Fossés était supérieure en 1737 ; Thérèse Gras en 1757 ; sœur Lambert en 1774.

Les dates des décès des sœurs Barthéla, Catherine Saulnier de la Noue, Hippolyte Pain, Jeanne de Lucenay, Louise Mottin, Jeanne Fricaud, ouvrières de la première heure, sont inconnues.

Madeleine Leclerc, originaire de Mont-St-Vincent, décédée à l'âge de 83 ans, le 14 septembre 1751, était inhumée au cimetière de l'Hôpital « sous la pierre vers le petit oratoire ». « C'était une fille, écrit l'aumônier Debresse, dont la vertu a été constante depuis le berceau jusqu'au dernier moment de sa vie, qui a été la bonne odeur de J.-C. par son humilité, ses mortifications, sa patience dans les épreuves qui ne lui ont pas manqué. »

Catherine Gayet, emportée par la mort à l'âge de 40 ans, fut inhumée le 16 avril 1678 « dans le caveau de la chapelle »

(*A suivre*).　　　　　　　　　　　　J. Rondet.

Le Gérant : J. RONDET.

Charolles, imprimerie de l' « Echo du Charollais », Rue Gambetta
Labrosse et Burtin.

La Revue du Charolais

REVUE D'HISTOIRE REGIONALE

(Charolais, Brionnais et Bourbonnais)

PUBLICATION MENSUELLE

L'Hôpital de Charolles et ses bienfaiteurs aux XVIIe et XVIIIe siècles

(suite)

Un Conseil, composé du lieutenant général au bailliage, du procureur du roi, du maire de la ville, du primicier de l'église St-Nizier, d'un échevin, et de deux notables désignés par l'assemblée des habitants, administrait les biens des pauvres. De nombreux et vifs conflits dont témoignent les pièces de procédure s'élevaient parfois entre l'administration et la communauté des dames hospitalières.

En 1774, les directeurs de l'Hôpital se proposant d'augmenter le nombre des lits de malades et d'établir une nouvelle hospitalière, la comtesse de Macholle, Catherine-Françoise Dagonneau, s'offre à faire la fondation et présente sa parente, demoiselle Claudine Baudinot « jeune fille de 17 ans, honnête et des plus modestes ». Le 20 mars, les directeurs acceptent la fondation et députent l'un deux à la dame de Macholle pour lui témoigner leur reconnaissance.

Mais, les sœurs « excitées apparemment par leur directeur spirituel qui dans ce temps-là, comme toujours, s'était déclaré l'ennemi de Mme de Macholle et avait associé à son ressentiment quelques-unes d'entre-elles prétendirent que les administrateurs ne pouvaient accepter aucune fondation ni

prendre aucune délibération sans leur avis et consentement.
« En conséquence, aveuglées par ce principe ambitieux, plus
cependant par un esprit d'indépendance, de vengeance et
de contrariété que par considération pour leur état et l'utilité
de la chose, elles se refusent à recevoir mademoiselle
Baudinot comme postulante, tout en déclarant n'avoir aucun
reproche à lui proposer. »

Assistés de deux notaires, et accompagnés de la postulante,
les directeurs se présentent une deuxième fois pour la faire
recevoir, mais se heurtent au même refus, les sœurs prétendant
avoir seules, le droit d'accepter les fondations.

Depuis, « elles ont sans cesse répété que jamais cette
fondation n'aurait lieu. C'est ainsi que de simples particulières
uniquement destinées au service des malades et soumises aux
ordres du Bureau, se sont, sous le règne de ce nouveau
conducteur spirituel, élevées au despotisme et ont contrarié
en deux fois les bonnes volontés des administrateurs, les ont
même troublé dans tous les droits de leur place, en prétendant
avoir droits délibératifs, et leur contestant jusqu'à celui
d'accepter des fondations et des bienfaits avantageux aux
pauvres. »

Dans la crainte du procès dont elles sont menacées, les
sœurs consentent à la fondation, acceptent la postulante et la
dame de Machollc paye le 4 avril, 150 livres pour une année
de pension.

Ce ne fut qu'une apparence de soumission. « En effet, la
demoiselle Baudinot ne fut pas entrée chez elles, qu'elle fut
livrée à l'aigreur, à leur humeur impérieuse, méprisante,
fière et insupportable. Cette jeune fille, naturellement bonne
et honnête, avait beau se donner aux exercices pénibles
réservés aux postulantes ; elle avait beau aller au devant de
tout ce qui pouvait venir à la satisfaction et à la décharge des
hospitalières, elles ne lui en tenaient aucun compte, la
querellaient sans cause, l'apostrophaient par des reproches
outrageants, par des traits et des propos humiliants, jusqu'à
lui dire qu'il fallait qu'elle n'eut point de cœur ou que ses

parents ne fussent pas en état de lui donner du pain, pour recevoir avec indifférence les insultes qu'elles lui faisaient. En un mot, elles employaient les voies les plus inutiles et les plus malhonnête pour la rebuter..»

Pendant six mois, mademoiselle Baudinot ne répond que par la douceur et le silence. Les sœurs l'expulsent et l'oblige à rentrer dans sa famille, « où elle est à gemir sur la perte d'une place qu'elle désirait ardemment occuper, d'autant plus que ses père et mère qui sont chargées de beaucoup d'enfants n'en faisaient pas les fonds. Les sœurs ont même retenu le restant des 50 écus qu'elles avaient reçu pour la garder pendant un an comme pensionnaire. »

Invitées à s'expliquer sur les causes de cette expulsion, les sœurs déclarent n'avoir aucun compte à rendre de leur conduite et des motifs qui les ont déterminé, il leur suffit de dire qu'elles ne veulent pas de la demoiselle Baudinot.

Sommation leur fut faite par le ministère d'huissier de reprendre la postulante ou de s'expliquer sur les causes de leurs refus et de les faire juger. Toutes réserves étaient faites d'expulser et destituer lesdites sœurs. pour cause de désobéissance.

IV. La Période Révolutionnaire

A l'époque de la Révolution, les revenus de l'hôpital s'élevaient à 10.000 livres environ. Les domaines et embouches de Montot, à Vaudebarrier, étaient loués au prix de 3.560 livres, la réserve de Montot 621 l., les domaines de Vendenesse et Villaine, exploités par le même fermier, 1.650 l., ceux de Pretin 2.750 l. Les rentes sur divers particuliers et un principal de 14.000 livres prêté aux Etats de Bourgogne. produisaient 1800 livres. Les religieuses hospitalières étaient fermières du domaine de la Perrière, au prix de 400 livres.

Les journées d'hospitalisation furent au nombre de 12.583 en 1791 et de 11.138 en 1792 ; leur prix était de 12 sols. Les émissions d'assignats, la disette des subsistances, les réquisitions civiles et militaires ayant entraîné le renchérissement de la vie, les religieuses demandèrent au mois de janvier 1793 la fixation de la journée de malade à 16 sols et l'allocation d'une somme de 800 livres pour « gages et nourriture des domestiques et frais de lessive. » L'administration jugeant cette demande exagérée se refusa à y faire droit.

Les Hospitalières étaient au nombre de neuf : Anne Saulnier de Lanoue, supérieure ; Louise, sa sœur ; Anne Baudinot, Catherine Villette, Catherine Tétu, Madeleine Petitjean, Jacqueline Malherbe, Jeanne Tremeaud et Marie Lambert.

Refusant de prêter le serment exigé par la Constitution, leur aumônier J.-B. Gros adressait à la Municipalité de Charolles, le 4 février 1791, la déclaration précédée d'un long préambule « de sa soumission aux lois en tout ce qu'elles ont de compatible avec sa conscience et sa foi », et devançant la proscription, prenait le chemin de l'exil. Le 11 avril suivant, il était remplacé par le moine Georgerat, ex-gardien du couvent du Tiers-Ordre de Charolles, aumônier de la Garde Nationale, ardent révolutionnaire qui ne tardait pas à quitter cette ville et eut pour successeur Langeron, curé primicier de l'église St-Nizier.

Les Hospitalières ont recours au ministère des prêtres insermentés. Respectueuse des lois, la Municipalité s'alarme, mais le 30 juin 1792, Roland ministre de l'Intérieur écrit au Département : « Elles ne doivent éprouver aucune gêne dans la liberté dont elles doivent jouir de choisir le prêtre qui leur convient pour l'exercice de leur culte. » La loi du 24 août 1792 proscrivait les prêtres réfractaires et les Hospitalières sont bientôt accusées de donner des preuves d'incivisme », de se répandre chez les religieuses Clarisses et Visitandines dans le dessein de les engager à refuser le serment civique, de recevoir des gazettes aristocratiques et fanatistes, de réunir à l'hôpital des femmes dupes de leurs fourberies et de causer ainsi les plus grands désordres dans les familles. Le 4 novembre 1793, les membres du Comité de surveillance de Charolles, « persuadés qu'on ne peut révolutionnairement conserver à leur poste des êtres rongés par le fanatisme, arrêtent unanimement que le Bureau de l'hôpital sera invité, séance tenante, à procéder à leur remplacement et qu'elles seront conduites sous bonne et sûre garde au ci-devant château, lieu destiné à la détention des personnes suspectes. »

Le lendemain, le Comité d'administrateurs de l'Hôpital décidait leur expulsion et internement et les remplaçait par les citoyennes Henriette Goyard, Laurence Zeck, Marie Babinaut veuve Simon, Claudine Gresse, Reine Perrin et Jeanne-Marie Brun qui déclarèrent se consacrer « avec plaisir » au soulagement des pauvres.

Les hospitalières Brun et Simon s'étant retirées après quelques mois d'exercice, le Bureau agréait la citoyenne Et. Morestin, ayant conféré avec l'économe Gayet « sur le civisme, la conduite, les mœurs et l'amour pour les pauvres » de la postulante. Passèrent successivement les dames Quarré, mère et fille, Robin et Hurville. Leur traitement annuel de 200 livres fut porté à 300 livres.

Les revenus de l'Hôpital se distribuaient pour grande partie en secours mensuels de 6 livres aux filles mères dont le nombre allait sans cesse croissant ; une salle de 25 à 30 lits fut aménagée pour leurs couches dans la maison de l'émigré Macheco, ancien hôtel des Dagonneau.

Entre les citoyennes hospitalières s'élevaient de continuelles discordes nécessitant l'intervention impuissante de la municipalité. Aux zélés gardiens des lois, le domestique de la maison donnait le scandale de travailler le jour du décadi et de se reposer en celui de l'ancien dimanche. Les habitants notables de la ville, invités à composer le bureau d'administration déclinaient cet honneur.

Au début de 1801, la citoyenne Hurville quittant la maison, fut remplacée par Etiennette Perrin, « ci-devant visitandine, douée des qualités nécessaires pour remplir la place qui se présente. »

Etiennette Bouillet, ancienne religieuse Clarisse, hospitalière à Cluny, fut appelée le 22 mai 1803 aux fonctions de directrice.

Répondant à l'invitation faite par l'administration départementale, les sœurs de la Charité de Nevers acceptèrent en 1804 la direction de l'Hôpital et à l'heure actuelle lui continuent leur dévouement. Le 15 frimaire XIII (6 décembre 1804) elles envoyaient à Charolles Anastasie Marie Anne Richard, supérieure, accompagnée des sœurs Catherine Labic et Marie Baron. Les malades hospitalisés étaient au nombre de 32.

Les bienfaiteurs de l'Hôpital

La famille Dagonneau

Etienne Dagonneau et Marguerite Rosselin étaient d'après la légende, de modestes marchands tenant boutique aux halles de Charolles à la fin du XVIe siècle, mais le renom de leur probité commerciale s'étendait au loin. A leur domicile se présente mystérieusement un étranger qui leur confie la garde des caisses dont il était accompagné, les priant de s'en considérer légitimes propriétaires s'il n'en reprenait possession avant le délai de dix ans. Les années passèrent et l'étranger n'ayant pas reparu, Dagonneau fit l'ouverture du dépôt renfermant une fortune importante dont la meilleure part alla aux pauvres et aux œuvres de bienfaisance.

A l'époque fixée par la légende, une famille Dagonneau exerçait à Charolles le commerce des draperies. En 1556,

Philibert achetait aux halles une place propre à construire boutique et pour laquelle il s'engageait à payer un cens annuel de 12 sols, 6 deniers. Le notaire Degueurce, de Charolles, instrumentait pour Etienne et Philibert Dagonneau, marchands drapiers (1559-1564) (arch. S.-et-L. E. 942).

Mais, une famille appartenant à la bourgeoisie était depuis de longues années établie à Charolles. En 1440, Gérard Dagonneau, bachelier ès-lois, succédait à noble Etienne de Tyard dans l'office de garde du commun scel du comté ; il faisait la cherche des feux du Charolais en 1454 (arch. Côte-d'Or B. 3947, 3986 et seq.)

Un autre, également prénommé Gérard, licencié en lois, fut receveur du bailliage de 1504 à 1508 et amodiateur des revenus du Comté. François est avocat du roi au bailliage en 1555. Philibert et Jean reprennent de bief à l'empereur Charles-Quint. comte du Charolais en 1546 (arch. C.-d'O. B. 10623. C. 3992).

Les Dagonneau sont encore receveurs au Comté, avec Adam (1598), Jean (1601-1611), Olivier (1604-1621. Les trois frères Dagonneau, de Cluny, seigneurs de Scivolières (Jugy) embrassèrent avec ardeur les idées de la Réforme et les soutinrent les armes à la main. L'un deux, Olivier fait prisonnier lors de la prise de Mâcon par les troupes de Tavannes, vit ses biens confisqués et fut pendant de longs mois détenu aux prisons de Dijon (arch. C.-d'O. 7531.... B. 5166)....

Quelques années avant la Révolution, le dernier Dagonneau possessionné en Charolais, faisait certifier sa généalogie en se réclamant de Etienne, époux de Marguerite Rosselin, seigneur de Juchaud, « dont le père est inconnu, dit-il, attendu les ravages des guerres civiles, incendies, enlèvements des archives et titres publics par les divers souverains du Charolais. »

Pendant deux siècles, les Dagonneau furent les insignes bienfaiteurs de l'Hôpital Ste-Agnès.

Etienne I, seigneur de Juchaud (Viry) époux de Margüerite Rosselin, « de la noble maison des Rosselin du Balat », est receveur du comté de Charolais en 1609, bourgeois de Charolles en 1618. Il reconstruit la grande salle de l'Hôpital en 1629, et favorise la fondation des couvents du Tiers-Ordre, au quartier de la Madeleine et des religieuses de Ste-Claire.

Etienne II, son fils, seigneur de Juchaud, Maupré (Charolles), Villaine (Changy), conseiller du roi, trésorier de France en la généralité de Bourgogne et Bresse, receveur du comté de Charolais de 1677 à 1707, décéda à Charolles, le 21 avril 1709, âgé de 80 ans.

La charge de conseiller du roi lui avait conféré la noblesse et ses armes furent vérifiées le 14 février 1698 (1).

Par testament du 17 mai 1708 (Rouher notaire), il lègue à l'Hôpital la somme de 5.000 livres destinées à fonder à perpétuité une sœur hospitalière et un lit qui portera le prénom du fondateur « pour y tenir toujours un pauvre malade de la ville ou de la campagne qui sera présenté par ses héritiers, ayant droit et cause, et en cas de retard ou d'absence par la sœur hospitalière dont la nomination lui appartient, de façon que les pauvres malades qui demeurent dans ses maisons, fonds et domaines seront préférés.... lesquels malade et sœur hospitalière seront nourris et soignés aux frais dudit Hôpital, les pauvres filles de la famille préférées pour sœurs hospitalières. »

De son mariage avec Marie de Béleriant, fille de Guy, lieutenant particulier au bailliage de Charolais, il laissait :

1° Etienne III, qui suit.

2° Marguerite, épouse de Pierre Dubois de Macholles (10 février 1678) conseiller du roi au présidial et sénéchaussée d'Auvergne à Riom, qui donne 200 livres le 25 septembre 1714 pour fonder à perpétuité deux messes par an, aux jours anniversaires de leurs décès.

3° Catherine Françoise, épouse de Jean Burteur, écuyer conseiller au Parlement de Dijon (mariage à Charolles du 24 septembre 1680).

(1) D'azur au chevron d'or, accompagné de trois roses de même, 2 en chef, 1 en pointe.

4° Marie Anne, épouse de J. B. de Fretat, écuyer, seigneur de Condart et Terrasse, en Auvergne, fils de Pierre et Marie Rochette (mariage à Charolles du 15 avril 1698).

5° François, docteur en théologie en l'université de Besançon (1701) premier chanoine honoraire de la sainte Chapelle de Riom, archidiacre de l'église collégiale de Beaune. Par testament du 18 décembre 1731, après avoir sollicité la faveur d'être inhumé sous le vestibule de l'église N.-D. de Beaune « aux pieds de la Ste-Vierge qui est au milieu et sur le pilier de la grande porte », il partage les deux domaines de Fontenaud (Viry) à son frère Claude, à son neveu Antoine, archidiacre, consent quelques legs particuliers à ses sœurs et institue héritier universel pour le surplus Etienne IV, autre neveu.

Il donnait en même temps à l'Hôpital 8.000 à 9.000 livres destinées « à acheter un fonds ou domaine de ce prix pour servir à l'entretien et dotation des pauvres malades, voulant qu'on y reçoive ceux qui auront quelques liaisons ou rendus quelques services à sa famille, tels que domestiques et gens pauvres de la campagne délaissés, sans exclure les pauvres imfirmes et malades, passants et étrangers qui y seront placés sur l'ordre de son plus proche héritier. Défend le tentateur de placer ladite somme à cours de rente, mais veut qu'on en achète des fonds.... Au surplus recommande l'Hôpital aux charités de sa famille. »

6° Claude Marie, seigneur de Terzé (Marcilly-la-Gueurce), prêtre, décédé à l'âge de 75 ans et inhumé le 14 février 1739 en la chapelle de l'Hôtel-Dieu. La pierre tombale qui recouvre ses restes en la chapelle de l'Hôpital actuel porte l'inscription suivante :

Hic, resurrectionem expectat D. Cl. Dagonneau, de Terzé, Christi sacerdos et bonus odor, pœnitentiæ minister et victima. zelator animarum, complemptor sui, pauperum pater.

OBIIT XII FEBV. M D C C X X X I X

AETATIS L X X V

Dispersit, dedit pauperibus ; justitia ejus manet in sœculum sœculi.

Charissimo patruo grati amini monumentum posuit D. D. Ant. Dagonneau, de Marcilly, Ecclesaia Belnensis archidiaconus.

Par testament du 17 octobre 1737 (Rougemont, notaire à Charolles), il donne à l'Hôpital « ses deux domaines de Montot, paroisse de Vaudebarrier avec leurs dépendances, leurs bestiaux, ensemble la grange, maison et jardin de réserve, cour et enclos, à charge par l'Hôpital de payer annuellement 3oo livres pour le traitement du chapelain, 150 livres pour tenir un pauvre malade, ceux de Changy et Vaudebarrier-préférés et à leur défaut, les pauvres étrangers les plus nécessiteux. 60 livres pour des missions à prêcher par les P. P. Jésuites ou tous autres religieux. 100 livres aux parents les plus nécessiteux du testateur, ou à défaut, à un pauvre ecclésiastique pour lui fournir les moyens de parvenir à la dignité de prêtre, lequel ainsi que les chapelains, religieux, malades seront choisis par ses héritiers et en cas d'extinction de la famille par MM. du Chapitre St-Nizier. — 25 livres pour l'entretien de l'une des Sœurs qui aura le moindre revenu et sera choisie par la supérieure ; — 50 livres pour entretien d'une lampe et ornement de la chapelle ; — 30 livres à la sacristie de l'église St-Nizier ; 25 livres aux pauvres et prisonniers les plus nécessiteux ; — 25 livres pour l'apoticairerie de l'hôpital, et 7o livres à Jeanne de Lucenay, sœur hospitalière.

Le verger de Montot avec l'étang nouvellement construit, le petit pré au-dessus, appelé Pré de la Place, étaient donnés aux religieuses hospitalières à charge par elles de fournir annuellement et à perpétuité à son héritier moitié de tous les fruits provenant du verger.

Il léguait au conseiller de Marcilly, Etienne III, son frère tous autres fonds et héritages de réserve lui appartenant à Montot « sur le bout du village et le long de la place tirant le long de Vaudebarrier », et instituait pour héritier universel

du surplus de ses biens, Antoine son neveu, archidiacre de
Beaune.

Claude Dagonneau de Terzé avait fait, en outre diverses
fondations en faveur du Collège de Charolles.

Etienne III, Dagonneau de Marcilly, seigneur de Marcilly-la-Gueurce, Terzé, Pommay, Juchaud, Fontenaud,
Verquilleux, La Vernelle, Maringues, lieutenant général civil
et criminel au bailliage de Charolles (1688), secrétaire du roi
conseiller au Parlement de Bourgogne (1679) décéda à
Charolles le 7 février 1739, âgé de 78 ans.

Ensuite de son acquisition de la seigneurie de Marcilly,
Terzé, Pommay sur les héritiers de Claude de Gaspard, il prit
le nom de Dagonneau de Marcilly qu'il transmit à ses
héritiers.

Le 17 mai 1708, il donne à l'Hôpital 1350 livres pour
« fonder à perpétuité l'entretien d'une lampe qui éclairera
nuit et jour devant le très saint Sacrement de l'autel qui est
dans la grande salle des pauvres, et ce, à raison de 25 livres
de rente par chacun an, qu'il veut être payée exactement à la
sœur hospitalière qui en aura le soin, ou plus, si plus il faut.

« Donne le surplus pour le soulagement des pauvres
malades à charge de faire dire tous les ans et à perpétuité
deux messes basses de requiem avec un de profundis à la
fin, la veille et le jour du décès de ladite dame Nuguet (sa
1re femme) qui est chaque dixième d'avril, auxquelles messes
les sœurs hospitalières sont priées d'assister et inviter les
pauvres malades à prier pour le repos de l'âme de ladite
dame Nuguet et dudit seigneur de Marcilly. En cas de remboursement de la somme de 1350 livres, veut et entend qu'elle
soit employée en l'acquisition d'un fonds ou héritage qui
sera sûrement acheté de son agrément ou du consentement de
ses héritiers et conjointement, si faire se peut, avec celui qui
sera aussi acheté de la somme de 5.000 livres donnée ce
jourd'hui audit Hôtel Dieu par messire Etienne Dagonneau, seigneur de Juchaud, ancien trésorier de France, son
père. »

De son premier mariage avec Marie Thérèse Nuguet d'Ebaugy, fille d'un contrôleur général des Postes, décédée à l'âge de 20 ans le 10 avril 1695, était née à Charolles le 1ᵉʳ mars 1693, Marie Anne Etiennette, épouse (1715) de Barthélemy Millière, écuyer, seigneur d'Aisercy et la Chapelle Villars, qui donne le 3 septembre 1732 la somme de 14.000 livres pour fonder à perpétuité un aumônier à l'Hôpital.

En deuxièmes noces, Etienne Dagonneau épousa Marguerite Girard des Barses, d'une famille d'Auvergne dont vinrent : Etienne IV qui suit, Claude décédé en bas-âge, Catherine Françoise, Antoine, archidiacre et Antoine, seigneur des Barses.

1° Catherine Françoise, épouse de Pierre Dubois de Macholles, écuyer, capitaine de dragons, chevalier de St-Louis, fils d'un trésorier de France à Riom, décéda à Charolles le 30 mai 1774, sans postérité et fut inhumée en la Chapelle des Marcilly dans l'église St-Nizier.

Avec son frère l'archidiacre, elle avait donné à l'Hôpital 6.000 livres, provenant de la vente d'un domaine sur Changy, faite au comte de Levis, baron de Lugny. Par son testament, elle demandait « que la soupe soit donnée aux prisonniers de la ville de Charolles, tous les vendredis de l'année qui suivra son décès, de la même manière qu'elle était donnée par Antoine Dagonneau de Marcilly, son frère. » L'héritier universel fut Antoine, seigneur des Barses et l'exécuteur testamentaire Pierre François Bernigaud de Cercy, procureur du roi au bailliage de Charolles.

2° Antoine Dagonneau de Marcilly, archidiacre de Beaune, écuyer, seigneur de Villaine et Maupré, mourut à Charolles, en sa maison de la rue Champagny (1) le 11 janvier 1774, instituant pour héritier Antoine, seigneur des Barses.

Par acte du 12 janvier 1755 reçu Aubery puisné, notaire à Charolles, il avait fait don à l'Hôpital, de la réserve de Montot, lui provenant de son oncle Claude, « pour être employée au soulagement des pauvres, autres que ceux qui se trouvent

____

(1) Maison Maнillier, Grande-Rue.

audit hôpital, ce qui sera fait par distributions confiées aux primicier, directeur spirituel et supérieure de l'Hôpital, à charge encore de laisser le fermier de cette réserve, François Tremeaud marchand à Chechy (Viry) en jouir sa vie durant et sans augmentation de prix. » Ce prix était de 200 livres par an.

La Chapelle de l'Hôpital conserve ses restes recouverts d'une dalle portant l'inscription :

Hic jacet

D. D. Ant. Dagonneau de Marcilly, sacerdos. sorbonicus doctor. Ecclesiæ Belnensis olim archidiaconus, ingenio prastans virtute præstantior, parcus sibi, largus in pauperes. in amicos beneficus, in onnes benevolus, vitæ Christi absconditæ cultor perpetuus, crucis adorator et victima.

OBIIT DIE XI JAN. M D C C L X X I V ET OETATIS L X X I V.

3° Antoine Dagonneau de Marcilly, écuyer, seigneur des Barses, Golfert les Granges, demeurant à Riom, devint seigneur de Villaine et Maupré par le décès de son frère l'archidiacre et de sa sœur. De son mariage avec N... Pélissier il laissa un fils Antoine François et une fille Gilberte Antoinette qui porta les terres de Villaine et Maupré à son mari Jean Chrétien de Macheco, écuyer, conseiller au Parlement de Bourgogne, seigneur de Prémaux et Corgengoux. Le conseiller de Macheco ayant émigré pendant la Révolution, sa maison de Charolles ainsi que ses terres de Villaine et Maupré furent confisquées et vendues.

Etienne IV Dagonneau de Marcilly, chevalier, seigneur de Marcilly, Terzé, Pommay, Juchaud, Magny, Volney, comte de Bussy le Grand, fut comme son père, conseiller au Parlement de Bourgogne.

Vers 1733, il devenait acquéreur de la seigneurie de Magny sur Tille, du comté de Bussy le Grand et du somptueux château qui au siècle précédent avait été la résidence de Bussy-Rabutin.

De Geneviève Alexis de Salins, decendante de Humbert Salins, chevalier en 1202, il ne laissait qu'un fils :

Etienne Marie Alexis Dagonneau de Marcilly, comte de Bussy, seigneur de Marcilly, Terzé, Pommay, Juchaud et autres terres, dissipe en quelques années la fortune qui avait entouré son berceau.

En 1760, il est mousquetaire gris de la garde du roi, en 1770, grand croix de l'ordre St-Philippe, chevalier de celui de l'ancienne noblesse ou des quatre Empereurs Henri VI, Venceslas, Charles IV et Sigismond, colonel lieutenant commandant des volontaires, hussards, chasseurs et gardes de S. A. le prince, comte Regnault de Limbourg, duc de Holstein-Schleswig.

Dès 1762, il vendait à Louis Fricaud, bourgeois de Marisy, le fief de Juchaud évalué à 74.500 livres. Trois ans plus tard, un créancier saisissait les seigneuries de Marcilly et Terzé ; en 1776, la terre de Magny-sur-Tille était aliénée au prix de 183.400 livres. Marie Elisabeth Le Tellier, son épouse, avait obtenu la séparation de biens.

Ses dilapidations, la conduite qui lui est reprochée à l'égard de sa mère enlèvent au comte de Bussy les héritages auxquels il pouvait prétendre. Il ne recueillait dans les successions de la comtesse de Macholles et de l'archidiacre Antoine qu'une modeste pension annuelle de 1300 livres, « insaisissable et inaliénable » et les pièces de procédure étaient au long les violences de son caractère, les insultes et injures abondantes prodiguées à ses proches.

En 1787, son domestique juif, Isaac Wimpfen l'instituait héritier universel « en raison des bontés dont il l'a honoré depuis plus de trente ans. »

Le dernier Dagonneau disparaît. Aucun intérêt matériel ne le rattachait au Charolais et à la ville où les bienfaits de ses ancêtres avaient rendu leur nom respecté et aimé parmi les deshérités de la fortune.

*
* *

Les registres de catholicité de Charolles mentionnent aux XVIIe et XVIIIe siècles en cette ville une autre famille Dagonneau rattachée par les liens de la parenté à celle des bienfaiteurs de, l'Hôpital, appartenant également à la bourgeoisie et alliée aux Joleaud, aux Saulnier, aux Desautels.

En 1589, messire Hugues Dagonneau, écuyer, est primicier de l'église collégiale St-Nizier, curé d'Ozolles et archiprêtre de Bois-Ste-Marie. Adam était docteur en médecine en 1627 et devint possesseur de la terre de Maupré. Marie, veuve de François Joleaud, lieutenant criminel au bailliage fut inhumée en 1696. Marie, « muette depuis sa naissance » mourut en 1715, âgée de 83 ans. Jean Chrysostome, lieutenant de la maréchaussée du Charolais décéda en 1672 et eut pour successeur son fils Etienne, père de onze enfants.

*
* *

Au XVII° siècle, les Dagonneau s'allient aux de Béleriant, ancienne et noble famille du Charolais, alliée elle-même aux Quarré, Malteste, de Lucenay, de Ganay et autres maisons notables de la contrée.

François de Béleriant, noble d'extraction, vivait en 1400. Un de ses descendants était conseiller au Parlement de Bourgogne au XVI° siècle.

Guy de Béleriant, lieutenant particulier au bailliage de Charolles en 1620, fut receveur des impositions au Comté. De son mariage avec Marie de Montrambault (1) il laissa entre autres enfants :

Pierre, époux de Jacqueline de Sommièvre, seigneur de l'Angle, de St-Just (Champlecy) et de Villaine (Changy), 1640 ;

Marie, épouse de Etienne II Dagonneau ;

Etiennette, mariée à Etienne Chavot, avocat en Parlement à Charolles ;

Sébastienne, mariée à Prudent Defaux, bourgeois de Charolles ;

Catherine, épouse de Jean Grandjean, lieutenant civil au bailliage.

____

(1) Sœur de Jeanne, épouse de Nicolas de Beaumne', seigneur de Rousserin, capitaine de Toulon-sur-Arroux.

Marie, inhumée en 1713 au couvent du Tiers-Ordre de Charolles, veuve de Aimé Duclos, seigneur de l'Etoile, lieutenant-colonel au régiment Lyonnais. Une fille âgée de 17 ans l'avait précédé dans la tombe en 1688.

Un membre de cette famille, Jean Ulrique de Béleriant était sous-prieur au prieuré de la Madeleine de Charolles en 1664. (Arch. dép. II. 604).

Les de Béleriant avaient leur sépulture en l'église collégiale St-Nizier, et leur écusson accolé à celui des Dagonneau se voyait au XVIIIᵉ siècle à l'entrée du Couvent des religieuses Clarisses.

(*A suivre*). J. Rondet.

Le *Gérant :* J. RONDET.

Charolles, imprimerie de l' « Echo du Charollais », Rue Gambetta
Labrosse et Burtin.

La Revue du Charolais

REVUE D'HISTOIRE REGIONALE

(Charolais, Brionnais et Bourbonnais)

PUBLICATION MENSUELLE

L'Hôpital de Charolles et ses bienfaiteurs aux XVIIe et XVIIIe siècles

LES BIENFAITEURS

(suite)

Claude de la Madeleine

Claude de la Madeleine, évêque d'Autun de 1621 à 1652, bienfaiteur de l'Hôtel-Dieu, appartenait à une ancienne et noble famille de chevalerie dont les armes se voient à leur ancien château du faubourg de la Madeleine à Charolles : d'hermine, à trois bandes de gueules, chargées de neuf coquilles d'or (1). Les coquilles évoquent le souvenir des croisades.

Thomas et Girard de la Madeleine (ou Magdeleine) sont baillis du Charolais et gardes du commun scel en 1275 et 1315 ;

Jean, possessionné à Charolles, Pretin, St-Symphorien,

____

(1) Devise : ayez l'amour de la Madeleine.

donne en 1348 le dénombrement de sa terre de Fornaux sur les paroisses de l'Hôpital le Mercier, Vindecy, Anzy ;

Alize, épouse de Perrin de Génelay, vend en 1366 à Jean d'Armagnac, comte de Charolais, le tiers du péage de Charolais, avec divers cens et héritages sur St-Symphorien, Fontenay, Viry ;

Guillemette, en 1386 fait reprise de fief pour ses héritages de Sommery (Ozolles), Barrier (Vaudebarrier), Beaubery.

Jean, fonde en 1390, en l'église de Charolles une lampe perpétuelle pour 32 sols et 2 bichets de chénevis.

Edouard est seigneur de Corcelles (St-Symphorien) et du Banchet (Châteauneuf) en 1480. Jean, son frère, prieur de la Charité-sur-Loire, abbé de St-Rigaud en 1507, grand prieur de Cluny, prieur de Charlieu et de la Madeleine de Charolles, fut élu abbé de Cluny en 1518 mais se départit de son élection en faveur de l'abbé commendataire nommé par le roi François I.

Girard, fils d'Edouard, bailli d'Auxois, seigneur du Banchet, Châteauneuf, la Bazole (Drée), la Madeleine, Perche (Charolles), Ouze (Changy), Collange (Vendenesse), tué au siège de Landrecies en 1543, laissa sept enfants de son mariage avec Claude de Damas, héritière de la maison de Ragny (1), en Auxois.

François (1543-1626), page de Henri II, servit Charles IX, Henri III, Henri IV. Bailli de l'Auxois dès 1567 il se distingua par son zèle pour la cause royaliste pendant la Ligue, défit le vicomte de Tavannes près de Joigny et fut grièvement blessé au siège d'Autun en 1591. Il fut l'un des gentilshommes, qui témoins du meurtre de Henri III, percèrent de leurs épées le corps du meurtrier. En récompense des services de « ce champion, qui, aux dires d'Aubigné, avait la réputation d'un franc compagnon et d'un rude jouteur », Henri IV le nomma maréchal de camp, gouverneur du Nivernais, lieutenant général au pays de Bresse et Charolais, chevalier de ses deux

---

(1) de Ragny : de gueules à trois bandes d'argent.

ordres, et au mois de juin 1597, érigea en marquisat la terre de Ragny, la principale de l'Avallonnais.

De son mariage avec Catherine de Marcilly - Cypierre, fille de Philibert, gouverneur de Charles IX étaient nés onze enfants, entre autres Claude évêque d'Autun et Léonor qui suit. Seigneur de la Madeleine, Ouze, Collange, Bois-Sainte-Marie, la Bazole, Châteauneuf et autres terres, il fut inhumé aux côtés de sa femme dans l'église de Savigny en Terre Plaine (Yonne), où deux statues en pierre les représentent à genoux, les mains éternellement jointes.

Léonor, marquis de Ragny, chevalier des ordres du roi, conseiller d'Etat, capitaine de 50 hommes d'armes, lieutenant pour le roi aux comtés de Charolais, pays de Bresse et Bugey, vint passer à Charolles les fêtes de Pâques de l'année 1622. Les habitants de la ville eurent à payer pour l'entretien de sa table pendant deux jours 107 pintes de vin, 40 pains, 9 livres de lard, 2 douzaines d'oranges, 7 carpes. 18 pièces de chair, 2 poules, 6 paires de pigeons, 2 bécasses, 1 perdrix, un demi mouton et moitié d'un veau. Il mourut en 1628, laissant de son mariage avec Hippolyte de Gondy, fille du maréchal Albert duc de Retz, Claude, marquis de Ragny, lieutenant pour le roi en Bresse, décédé sans postérité en 1631, et :

Anne de la Madeleine, veuve en premières noces de Charles-Antoine de la Madeleine, seigneur d'Epiry, épouse en 1632 de François de Bonne de Créqui, duc de Lesdiguières, mestre de camp au régiment des gardes du Roi. lieutenant général du Dauphiné, fils du connétable de Lesdiguières, décédé le 2 juillet 1656.

François-Emmanuel de Lesdiguières, son deuxième fils. gouverneur du Dauphiné. seigneur de la Madeleine, Collange, la Bazole, Bois Sainte-Marie, Châteauneuf, mourut sans postérité vers 1704, et sa veuve Paule-Françoise-Marguerite de Gondi céda ses terres à Charlotte de Lorraine, princesse d'Armagnac qui les aliéna. Les fiefs de la Madeleine et de Collange passèrent à la famille Mayneaud qui les possède

Jusqu'à la Révolution, époque à laquelle ils furent confisqués et vendus comme bien nationaux.

* *
*

Claude de la Madeleine de Ragny (1591-1652), fils de François et de Catherine de Marcilly, fut élevé à l'âge de trente ans au siège épiscopal d'Autun qu'il occupe de 1621 à 1652. Les services rendus par son père, les influences de son frère Léonor et de son parent Charles de Marcilly alliés tous deux à la puissante maison de Gondi ne furent sans doute pas étrangères à sa nomination. A cette époque, la famille de Marcilly semble disposer de l'évêché d'Autun : Pierre de Marcilly est évêque de 1558 à 1572 ; la nomination de son successeur, Charles Alliboust (1572-1585) est puissamment secondée par la veuve de Philibert de Marcilly, et à l'avénement de Pierre Saulnier, de famille charolaise, qui occupe le siège de 1585 à 1621, Henri IV écrit à Alphonsine de Gondi femme de Humbert de Marcilly : « J'ai donné l'évêché à qui vous avez voulu ».

Les liens de famille autant que les intérêts matériels rattachaient Claude de la Madeleine à la terre charolaise. Avec Etienne Dagonneau et Marguerite Roselin, il entreprit la reconstruction de l'hospice des « pauvres passants ». L'Hôtel-Dieu s'honore de le compter au nombre de ses bienfaiteurs.

Les visitandines s'établirent à Charolles (1) pendant son épiscopat, une profonde amitié l'unissait à Saint François-de-Salles et à Sainte Jeanne-de-Chantal et une tradition locale veut que le saint évêque de Genève ait célébré la messe en la chapelle du château de la Madeleine.

___

(1) Rue Champagny, à l'emplacement du garage Chauvot, du Palais de Justice et de la Place de la Victoire, qui porta pendant de longues années le nom de Place des Sainte Marie.

La famille de Lucenay

Nicole de Lucenay, première supérieure de l'Hôtel-Dieu, constitue au profit de l'établissement le 27 novembre 1698 une rente annuelle et perpétuelle de 75 livres, au principal de 1.500 livres (acte Dessaigne notaire).

Le 18 janvier 1710, par acte reçu M⁰ Rouher, notaire à Charolles, tant en son nom qu'en celui de Louis de Lucenay, son frère, ancien garde du corps du roi, et « pour accomplir les pieuses intentions de défunt Thomas de Lucenay, leur oncle, curé de Marcilly-la-Gueurce, « elle fonde un lit à l'Hôpital « pour y tenir un pauvre malade de la paroisse de Marcilly, préférablement à tous autres, à la nomination de la supérieure de l'Hôtel-Dieu, ou d'une autre paroisse voisine, à défaut de malade dans celle de Marcilly, en sorte que le lit soit toujours occupé », et en même temps deux grandes messes à chaque jour de saint Agnès et de sainte Marthe avec libera me sur le tombeau du curé de Lucenay.

En paiement de ces fondations évaluées à 2.200 livres pour le lit du malade, et à 300 livres pour les messes et libera elle donne à l'Hôpital son domaine de la Perrière, situé aux portes de la ville.

Le 10 avril 1729, elle vend à l'Hôtel-Dieu, au prix de 2.400 livres son demaine de Villaine (Changy) garni de 400 livres de bestiaux, et teste devant Rougemont, notaire, le 4 avril 1734, instituant pour héritière universelle sa cousine Jeanne de Lucenay, religieuse à l'Hôpital.

Par testament du 15 décembre 1743 devant Aubery puisné, notaire à Charolles, cette dernière « ne pouvant signer, ayant perdu la vue depuis 3 ans », donnait aux pauvres de l'Hôtel-Dieu un capital de 2.240 livres.

*
* *

Nicole de Lucenay était fille de Louis, avocat en Parlement,

receveur des impositiuns du Charolais de 1657 à 1675, décédé
en 1691, et de N .. de Beleriant. Thomas de Lucenay, son
oncle, curé de Marcilly (1692-1709) décéda à l'Hôpital de
Charolles, le 27 juin 1709 « sa maladie ne lui ayant pas
permis de recevoir le viatique » et fut inhumé au Chœur de
l'église St-Nizier.

Plusieurs branches de cette famille étaient établies au cours
des XVIIe et XVIIIe siècles, aux environs de Charolles,
à Marcilly, Lugny, Paray-le-Monial et Semur-en-Brionnais.

Charles, mourut notaire à Charolles en 1710. Jean-Marie,
apoticaire à Paray, épousa en 1723 Françoise Billet, fille de
Claude Billet de Villars, ancien capitaine au régiment de
Navarre et de Elisabeth de la Tour, et fut chirurgien à
Charolles.

Alexandre, époux de Pierrette Bourdon était lieutenant de
cavalerie et de la maréchaussée à Charolles de 1781 à 1793.

Au mois de janvier 1793, la municipalité de Charolles
invitait sœur Jeanne-Marie de Lucenay, supérieure de
l'Hôpital de Luzy, à venir prendre la direction de l'Hôtel-Dieu
de Charolles où elle avait été religieuse pendant 22 ans.

Jacqueline et Jeanne Désautels

Jacqueline Désautels, fondatrice de l'Hôpital, fille de
Claude, lieutenant particulier au bailliage royal du Charolais,
décédé à Mornay en 1684 et de Claudine Saulnier de la Noue,
donne 1.000 livres aux pauvres, le 17 septembre 1687 (acte
Bodier, notaire).

Deux ans plus tard, par testament nuncupatif reçu
Desseigne notaire, le 3 juillet 1689, elle leur lègue. tous ses
meubles, linges et habits et institue pour héritière universelle
sa parente Catherine Saulnier avec substitution de l'Hôpital

après le décès de cette dernière à charge de faire célébrer chaque année, à perpétuité, pour le repos de son âme, une messe basse le premier dimanche de chaque mois, ainsi qu'aux fêtes de Pâques, de la Pentecôte, de l'Assomption, de Noël, aux quatre fêtes solennelles de la Vierge, et à celles de saint Jacques, saint Philippe, saint Joseph, saint Agnès et sainte Marthe.

Jeanne Désautels, sa sœur, épouse de Pierre de Guillevert, écuyer, seigneur du Verger, demeurant à Mans, en la paroisse de Dyo, donne 1.200 livres pour « la nourriture au prorata des intérêts, d'un pauvre malade au choix de ladite dame et de ses héritiers ».

En 1735, ce legs était augmenté de 2.000 livres « à condition qu'il soit permis à ladite dame et à ses héritiers de présenter à perpétuité un pauvre malade pour être nommé et soigné audit Hôtel-Dieu et y occuper un lit ».

*
* *

A cette famille paraît se rattacher le poète Guillaume des Autelz qui serait né à Charolles vers 1529, l'auteur de « Fanfreluche et Gaudichon », « Le Mois de Mai », « Amoureux repos », etc.

Jean des Autels, bourgeois de St-Gengoux, est seigneur de St-Vallier en 1387 ; vers la même époque, Guyot, Colombe, Jean sont possessionnés à Sanvignes, Pouilloux Par son mariage avec Gilberte du Fraigne, Jean écuyer, est seigneur de Beaudésir (Vendenesse-sur-Arroux) en 1457 et ses descendants possèdent cette terre pendant la première moitié du XVIe siècle.

Au cours des XVIe, XVIIe et XVIIIe siècles, la famille occupe à Charolles les charges de la magistrature. Claude, lieutenant particulier au bailliage, père de Jacqueline et Jeanne bienfaitrices de l'Hôpital, laissa entre autres enfants : Pierre-Joseph, possesseur des domaines de Sermaize (Vendenesse-les-Charolles) qui lui succède dans sa charge ; Antoine, capitaine au régiment de Périgord ; Jean, seigneur de Noireterre, procureur du roi ; Lucrèce, épouse de Nicolas de Beaumont, seigneur de Bousserain. fils de Jean, capitaine de Toulon-sur-Arroux et de Jeanne de Montrambault ; Benoit, lieutenant-colonel et chevalier de St-Louis en 1724.

Jacques, procureur du roi à Charolles, décédé à Mont-St-Vincent en 1686 laissa onze enfants de Marie Dagonneau. Jacques et Jean exercent la médecine à Charolles au début du XVIII° siècle.

Pierre, procureur fiscal au bailliage eut de Pierrette Chavet douze enfants, dont Jean-Baptiste, garde du corps du roi en 1778, percepteur des contributions directes à La Clayette après la Révolution, et Jacques, époux de Gabrielle-Marie Garnier, père de Pierre (1778-1831) notaire à Charolles qui laissa de Claudine-Cécile de Royer de St-Micaud, Charlotte-Amélie-Cécile, épouse de Charles-Antoine Goin, notaire, maire de Charolles de 1863 à 1870 et de 1871 à 1876.(1), et Louise-Clémence Joséphine, épouse de Jean-Augustin Puy, avocat à Charolles.

Les familles Pain-Saulnier et Perrin de Cypierre

Jean Pain est mentionné à partir de 1666 aux registres de catholicité de Marcilly-la-Gueurce et qualifié « avocat en Parlement, fermier des terres et seigneuries de Marcilly, résidant à Marcilly. » Il possédait en cette paroisse un domaine important, exploité par des grangers et dont partie a été conservée par ses descendants jusqu'à la fin du siècle dernier (2). Fils d'un procureur au bailliage, il avait pour frère Pierre, curé de Viry de 1680 à 1693 et pour sœur Marie qui épousa en 1688 Jean Chavot, docteur en médecine à Charolles.

(1) Conseiller d'arrondissement, chevalier de la Légion d'honneur.
(2) Domaine a M. Mommessin, au bourg.

Le 25 juin 1695, Françoise Saulnier, sa veuve, « pour satisfaire aux dernières volontés de son mari », donnait à l'Hôtel-Dieu la somme de 3.000 livres et fondai' « à perpétuité une messe quotidienne en la chapelle de l hôpital avec de profundis sur le tombeau de Jean Pain dont les cendres reposent proche l'hôtel de ladite chapelle. »

Huit enfants leur étaient nés tant à Charolles qu'à Marcilly : Claudine, servante des pauvres, sœur fondatrice de l'hôpital, auquel elle donne 10.000 livres employées à l'acquisition du domaine de Vendenesse ;

Hippolyte (1773-1843), également servante des pauvres et inhumée à l'hôpital ; Marie, Visitandine à Paray ; Jeanne, épouse d'Adrien Chevalier, docteur en médecine à Paray ; Claude Hippolyte, sœur jumelle de la précédente, épouse de Jacques Perrin ; Jean, juge des seigneuries de Moulin-Lacour, St-Martin d'Ozolles, Sommery et des dames de Beaulieu (Vaudebarrier) inhumé à l'âge de 31 ans en l'église de Marcilly (1695) ; Pierre, juge châtelain de Charolles, contrôleur au grenier à sel de cette ville (1694), et Pierre-Joseph (1679-1760).

Chanoine de l'église d'Autun, mais demeurant « ordinairement » à Marcilly, Pierre Joseph Pain testa le 13 novembre 1751 en sa maison du faubourg de la Madeleine, à Charolles. Après divers legs à ses proches, aux pauvres de Marcilly, il instituait pour héritière universelle Marie Louise Perrin, sa nièce, épouse de Charles Desplaces de Charmasse, d'Autun et exprimait cette dernière volonté : « Je souhaite d'être inhumé sous la voûte de la chapelle de l'hôpital de Charolles, si on veut bien m'y recevoir, sans rien ajouter pour ma sépulture que ce qu'on a coutume d'observer à l'égard des pauvres qui y décèdent. » Quelques années plus tard un codicille annulait cette disposition et le chanoine Pain fut, selon son désir, inhumé en l'église cathédrale d'Autun.

Le 10 septembre 1752, devant Aubery puisné, notaire à Charolles, il donnait à l'hôpital 2.600 livres pour « fonder à perpétuité la place d'une sœur hospitalière dont la nomination appartiendra aux descendants de Perrin de Cypierre, Perrin de Gregaine et Perrin de Savigny », en suivant le degré de progéniture, voulant qu'ils ne puissent nommer qu'une fille de leur famille et à défaut une fille de famille née à Charolles et habitant ladite ville.

Le 24 mars 1857, il lui faisait un nouveau don de 9.760 livrés à charge de distribuer tous les ans 30 livres aux pauvres de Marcilly, 30 livres à ceux de Lugny, autant à ceux de Charolles et six chars de bois pour le chauffage des prisonniers.

** **

Claude Hippolyte Pain (1676-1729), fille de Jean et Françoise Saulnier, tenue sur les fonts baptismaux par Claude de la Cour, seigneur de Moulin, et Hippolyte de Priézac, dame de Molleron, épousa à Marcilly le 9 novembre 1696 Jacques Perrin, receveur du grenier à sel de Charolles et Perrecy, l'un des douze enfants de Jean Perrin, fermier de la seigneurie de Daron, à Oyé et de Louise Jertru.

Jacques Perrin fut receveur des deniers royaux en Charolais de 1709 à 1748 ; sa maison était située sur les bords de la Semence (1). En 1720, il acquit la Terre de Cypierre, Mazoncle, St-Léger, L'Heuretière, le grand et le petit Chevagny (2).

Exécutant les intentions de défunt Joseph Louis, son fils, conseiller au Parlement de Bourgogne, il donne à l'Hôpital 3.000 livres destinées à la fondation d'un lit « pour y tenir un pauvre malade auquel seront fournis tous les aliments, médicaments et autres besoins nécessaires ; lequel malade pour occuper ledit lit, sera à perpétuité nommé, choisi et présenté par mondit sieur Perrin et après lui, par l'aîné mâle de la famille, de mâle en mâle et leurs descendants, suivant l'ordre de progéniture.... »

---

(1) Rue du Puits-des Ravauds, maison Blanchard, entre la Semence et le canal du Moulin.

(2) Perrin : d'or, au lion de sable rampant contre une colonne de gueules du côté senestre.

Jacques Perrin de Cypierre décéda à Charolles le 10 mai 1749, laissant de grands biens évalués à 50.000 livres de revenus. Claude Hippolyte Pain, inhumée le 25 mai 1729 au tombeau de la famille Pain, en l'église de Charolles, lui avait donné 16 enfants, entre autres :

Joseph Louis, seigneur de Cypierre, conseiller au Parlement de Bourgogne en 1725.

Adrien Claude Perrin de Gregaine, écuyer, seigneur de St-Léger-les-Paray, capitaine au régiment du roi-cavalerie, chevalier de St-Louis, receveur des deniers royaux du Charolais de 1748 à 1751 ;

Benigne, épouse en 1723 de Jean-Baptiste Villedieu, conseiller du roi. lieutenant civil au bailliage de Montcenis :

Catherine Thérèse. épouse en 1728 de Claude Bernard Cochet, de Montcenis, conseiller au Parlement de Metz ;

Marie Louise qui épousa en 1725 Hugues Charles Desplaces de Charmasse, écuyer, fils de Jean, lieutenant particulier au présidial d'Autun et de Etiennette de Lagoutte, et fut héritière universelle du chanoine Joseph Pain, son oncle.

Jean Claude François Perrin de Cypierre — fils de Joseph Louis — maître des requêtes en 1749, président au Grand Conseil en 1757, fut intendant de la généralité d'Orléans en 1760. En 1775, il était seigneur engagiste de la châtellenie de St-Gengoux-le-Royal.

Adrien Philibert Perrin de Cypierre, baron de Chevilly, son fils, né à Orléans en 1762, maître des requêtes, intendant d'Orléans de 1784 à 1790, laissa deux enfants : Casimir de Cypierre, époux de Antoinette Jeanne Marguerite Tellusson de Sorcy et Madame Roslin d'Ivry.

La famille Saulnier de la Noue (1)

La famille Saulnier est originaire de Charolles où plusieurs de ses membres occupèrent des charges importantes. Nicolas Saulnier est juge châtelain et garde scel du Charolais en 1551.

Pierre, son fils (1548-1612), prieur bénédictin de Charlieu, docteur en théologie, habile prédicateur, fut évêque d'Autun de 1589 à 1612. Ardent ligueur, député de son Ordre aux Etats de 1593, il se rencontra avec Henri IV aux conférences de Suresnes et ne tarda pas à se déclarer ouvertement pour le roi, entraînant avec lui une grande partie de son clergé.

Claude Saulnier, petit-neveu de l'évêque, chanoine de l'église cathérale d'Autun, prévot de Sussey, teste le 25 mars 1696, donnant à l'Hôpital 4.000 livres pour « être employées à la construction d'un corps de logis joignant la salle de l'hôpital et le logement des filles qui les servent, suivant le plan qui en a été fait », 4000 livres à charge de « payer annuellement cent livres de pension à sœur Nicole de Lucenay tant et si longuement qu'elle sera au service de l'hôpital et ce, en considération de ceux qu'elle lui a rendus depuis son établissement ». Après divers legs particuliers aux enfants de Jean Pain et Françoise Saulnier, ses neveux, il instituait pour héritière universelle Marie Saulnier, autre nièce, épouse de Claude Michon, de Paray-le-Monial, avocat au Parlement, trésorier de l'extraordinaire des guerres à Dôle, voulant qu'en cas de prédécès de l'héritière les biens fassent retour à l'Hôpital « pour la nourriture et l'entretien de deux filles de la société de celles qui le desservent ». L'exécuteur testamentaire fut son cousin Girard Pézerat, de Charolles, écuyer, conseiller du roi.

**

Vers la fin du XVIIe siècle, la famille ajouta à son nom

---

(1) De gueules au chevron d'or accompagné de trois trèfles de même.

patronymique celui de la Noue. Claude était maire de Charolles en 1646. Jean, juge châtelain, frère du bienfaiteur de l'Hôpital, mourut en 1689. Pierre, lieutenant général au Comté, père de douze enfants, décéda en 1692. Claude est maître des eaux et forêts en 1722. Pierre François, maire perpétuel de Charolles de 1742 « 1765, lieutenant particulier au bailliage, eut seize enfants de Marguerite Lambert. Nicole Jeanne, fille de Claude-Marie, conseiller au bailliage et de Louise Grosjean, épousa en 1790 Denis Michel, de Tournus, avocat en Parlement, qui fut maire de Charolles pendant la Terreur. Louise Alexandrine Michel, leur fille, épouse de Nicolas Perrot, maître de forges et maire de Gueugnon, conseiller général, décédée en 1864, est la fondatrice du musée de Tournus.

Dans la première moitié du XVIII⁰ siècle, Guillaume Saulnier de la Noue, marié à Marthe Lefort et à Philiberte Philibert des Henrits établit sa descendance à Tournus où il occupe les fonctions de bailli et de subdélégué de l'intendance.

La famille Saulnier était alliée aux Dagonneau, Desautels, Pain, Denis, Rougemont, Bouillet, Leclerc, Lefèvre, Chavot, Taboulot, Pézerat.

Benoît Bouillon et Toussine Taboulot (1654)

Par testament devant Bodier, notaire, du 27 janvier 1654 Benoît Bouillon, tailleur d'habits à Charolles et Toussine Taboulot, sa femme, s'instituent mutuellement héritiers universels à charge de délivrer ou faire délivrer à perpétuité à chaque jour anniversaire de leur trépas 100 fagots de bois destinés au chauffage des pauvres qui seront logés à l'hôpital,

— ces fagots estimés 6 deniers pièce pour le cas où la délivrance ne pourrait s'en faire en nature.

Devenu veuf, Bouillon faisait donation en 1662 à Philibert Taboulot, avocat en Parlement à Charolles, et le chargeait d'acquitter le legs contenu au testament mutuel.

Des difficultés d'interprétation s'élevèrent pour l'exécution de ce testament : Taboulot offrant cent fagots, les administrateurs de l'Hôpital en demandant le double. Choisi pour arbitre, le conseiller Malteste rendit une sentence portant qu'il était dû cent fagots du chef du mari et autant du chef de la femme.

Denise Berthelon (1689)

Humble femme voulant apporter son obole à l'Hôpital naissant, Denise Berthelon teste devant Raveaud, notaire à Charolles, le 8 avril 1689 et donne aux pauvres vingt livres.

Prenant en considération la pauvreté et le grand nombre d'enfants de Claude Devillard, fils et héritiers de la donatrice, les directeurs de l'Hôtel-Dieu réduisent le legs à la somme de quinze livres.

Marie Chavot (1699)

Fille de Etienne, bourgeois de Champvent et de Catherine Charcosset, nièce de Jean Chavot, docteur en médecine à Charolles, Marie Chavot « détenue malade depuis plusieurs mois d'une maladie languissante » et habitant auprès de son oncle Jean Charcosset, curé de Vendenesse-les-Charolles, teste le 9 juillet 1693 devant Alavillette. notaire en cette paroisse. Elle donne cinquante livres pour fonder à perpétuité, chaque année, pour le repos de son âme, deux messes de requiem à voix basse, avec un de profundis et un libera, l'une au jour anniversaire de son décès, l'autre dans l'octave de l'Assomption.

François Dessaignes (1704)

Le 5 novembre 1704, dans une chambre haute de la maison où réside d^lle Catherine Dessaignes, veuve de Nicolas Debresse, conseiller du roi, receveur des derniers royaux du Charolais, François Dessaignes, bachelier en théologie, primicier de l'église St-Nizier de Charolles, teste devant Bodier, notaire royal. Il donne à l'Hôtel-Dieu 2.000 livres portant 100 livres de rente annuelle, « dont 50 livres seront employées annuellement et à perpétuité pour la nourriture, subsistance, traitement et médicaments des pauvres malades, et les autres 50 livres seront pour aider à placer une pauvre fille en qualité de sœur dans ledit Hôtel-Dieu pour y être au service des pauvres ».

François Dessaignes, primicier de Charolles de 1675 à 1707, décéda à l'âge de 71 ans et fut inhumé dans le chœur de l'église par Charcosset, curé de Vendenesse, archiprêtre de Charolles ; il avait exprimé le désir d'être inhumé par l'archiprêtre et avait prié les chanoines de la collégiale de ne pas s'en offenser.

Claude Fommerand (1726)

Claude Fommerand, né à Charolles, fut curé de Marcilly-la-Gueurce de 1709 à 1735 et en même temps archiprêtre de Bois-Ste-Marie.

« Le 28 mars 1726, à Marcilly, dans ma maison curiale où je loge audit lieu, heure de huit avant midi, sain de corps et d'esprit, j'ai fait le signe de croix et j'ai demandé à Dieu de me faire miséricorde après ma mort.....

...Je choisis ma sépulture au bas de la croix du cimetière si je meurs à Marcilly.....

...Au surplus de tous mes autres biens, meubles et immeubles présents et à venir, actions, grains, bestiaux, or et argent, monnaie et obligations, billets, contrats de rente et de tout ce qui se trouvera m'être dû et m'appartenir jusqu'à ma mort, je nomme, institue et constitue l'Hôpital de Charolles mon héritier universel à condition de payer mes dettes, frais funéraires et droits d'amortissement des fondations ci-dessus..... Je fonde un lit en entier ou au prorata selon que je laisserai de biens après ma mort, dans ledit Hôpital, en faveur des pauvres de Marcilly afin qu'ils y restent jusqu'à une entière convalescence. A leur défaut, y serait reçus ceux de la ville, et les uns et les autres présentés par mes sœurs et après leur mort par les leurs ».

En 1735, l'Hôtel-Dieu renonça à tous ses droits à cette succession à charge par Jean Perrin, procureur au bailliage et Catherine Pescheur, sa femme, neveu du curé Fommerand, de payer la somme de 510 livres ; la fondation d'un lit au profit des pauvres de Marcilly et de Charolles eut lieu à concurrence de cette somme.

(*A suivre*).   J. RONDET.

━━━◦◦○○◖○◗○○◦◦━━━

Le Gérant : J. RONDET.

Charolles, imprimerie de l' « Echo du Charollais », Rue Gambetta
Labrosse et Burtin.

Deuxième Année — N° 14 — Décembre 1923

La Revue

du

Charolais

HISTOIRE RÉGIONALE

LETTRES - SCIENCES - ARTS - ACTUALITÉS

(Charolais, Brionnais et Bourbonnais)

PARAISSANT TOUS LES MOIS

« L'histoire de la contrée, de
» la province, de la ville natale
» est la seule où notre âme
» s'attache par un intérêt
» patriotique. »

Aug. THIERRY.

ABONNEMENT : 12 fr. par an

BUREAU

Imprimerie de « l'Echo du Charollais »

Rue Gambetta, Charolles

Deuxième Année   N° 15   Janvier 1924

La Revue
du
Charolais

HISTOIRE RÉGIONALE

LETTRES - SCIENCES - ARTS - ACTUALITÉS

(Charolais, Brionnais et Bourbonnais)

PARAISSANT TOUS LES MOIS

« L'histoire de la contrée, de
» la province, de la ville natale
» est la seule où notre âme
» s'attache par un intérêt
» patriotique. »

Aug. THIERRY.

ABONNEMENT : 12 fr. par an

BUREAU

Imprimerie de « l'Echo du Charollais »

Rue Gambetta, Charolles

Deuxième Année   N° 16   Février 1924

La Revue

du

Charolais

HISTOIRE RÉGIONALE

LETTRES - SCIENCES - ARTS - ACTUALITÉS

(Charolais, Brionnais et Bourbonnais)

PARAISSANT TOUS LES MOIS

« L'histoire de la contrée, de
» la province, de la ville natale
» est la seule où notre âme
» s'attache par un intérêt
» patriotique. »
Aug. THIERRY.

ABONNEMENT : 12 fr. par an

BUREAU

Imprimerie de « l'Echo du Charollais »

Rue Gambetta, Charolles

Deuxième Année   N° 17   Mars 1924

La Revue
du
Charolais

HISTOIRE RÉGIONALE

LETTRES - SCIENCES - ARTS - ACTUALITÉS

(Charolais, Brionnais et Bourbonnais)

PARAISSANT TOUS LES MOIS

« L'histoire de la contrée, de
» la province, de la ville natale
» est la seule où notre âme
» s'attache par un intérêt
» patriotique. »

Aug. THIERRY

ABONNEMENT : 12 fr. par an

BUREAU

Imprimerie de « l'Echo du Charollais »

Rue Gambetta, Charolles

Deuxième Année — N° 18 — Avril 1924

La Revue
du
Charolais

HISTOIRE RÉGIONALE

LETTRES - SCIENCES - ARTS - ACTUALITÉS

(Charolais, Brionnais et Bourbonnais)

PARAISSANT TOUS LES MOIS

« L'histoire de la contrée, de
« la province, de la ville natale
« est la seule où notre âme
« s'attache par un intérêt
« patriotique. »
Aug. THIERRY

ABONNEMENT : 12 fr. par an

BUREAU

Imprimerie de « l'Echo du Charollais »
Rue Gambetta, Charolles

Deuxième Année   N° 19   Mai 1924

La Revue

du

Charolais

HISTOIRE RÉGIONALE

LETTRES - SCIENCES - ARTS - ACTUALITÉS

(Charolais, Brionnais et Bourbonnais)

PARAISSANT TOUS LES MOIS

« L'histoire de la contrée, de
» la province, de la ville natale
» est la seule où notre âme
» s'attache par un intérêt
» patriotique. »

Aug. THIERRY.

ABONNEMENT : 12 fr. par an

BUREAU

Imprimerie de « l'Echo du Charollais »

Rue Gambetta, Charolles